FOR GODS SAKE

JASON MARTIN

KERBER ART

PREFACE

BY

MALTE CHRISTOPHER BOECKER, LL.M.
KUNSTVEREIN KREIS GÜTERSLOH

AND

BETTINA RUHRBERG
MÖNCHEHAUS MUSEUM GOSLAR

Asian thinking is marked by the notion that all phenomena are dependently co-arising and related to one another. This way of thinking can also be seen in the works of Jason Martin. Through his intense study of far Eastern calligraphy and North American minimalism, as well as of the history of monochrome paintings, a body of work has emerged over the years in which opposites seem to be suspended. Instead, Jason Martin explores the space shared by abstraction and figuration, painting and sculpture, by material and ideal patterns of thought. Everyone who opens themselves up to his visual spaces – which are immersed in light and seemingly in flowing motion – can draw close to a meditative, spiritual experience. Using quite economic means, the artist produces combed, almost sculpted colour surfaces. His paintings offer us an inner intensity, clues directing us to an amalgamated spiritual and sensual perception. With this the British artist opens up a space to the beholder for the sublime, for contemplation, for meditation, for the transcendental – concepts that once belonged to the fundaments of the world religions before arriving at a new, expanded meaning in the abstract art of the 20th century.

The exhibition *For Gods Sake* presented Martin with his first ever possibility to do works for a sacred space, which inspired him to push the spiritual dimension of his practice even further. What he has created are highly concentrated works that give an impressive insight into his creative production. The organisers are delighted that apart from the monumental paintings, this exhibition marks the first ever presentation of the artist's works on paper, which incidentally reveal a wealth of connections with his works in oil and acrylic.

The altarpiece for the Apostelkirche in Gütersloh is quite exemplary of Martin's understanding of an open artwork. Taking as his point of departure a four-pointed cross and Islamic ornamentation, he has devised a rhomb-like form done in blood red paint. The sweeping wave-like lines on the surface of the painting surface produce three arc shapes, which may be read as referencing human proportions. Red as the colour of bodily sacrifice and the basic upward motion toward the heavens permit a Christian reading of crucifix, trinity and redemption. But this is far from settled. Jason Martin interests himself rather for how precisely this work would be read and interpreted in other religious contexts.

We would like to thank all who participated in and showed such commitment to the realisation of this ambitious project. Special thanks must go to Udo Kittelmann for his illuminating interview with the artist and his deeply knowledgeable introduction to his work.

We hope that all who read and study this catalogue will be rewarded with new inspiration. And we hope that the exhibition will help create a significant new response to Jason Martin's impressive oeuvre and perhaps contribute to the dialogue between the different cultures and religions.

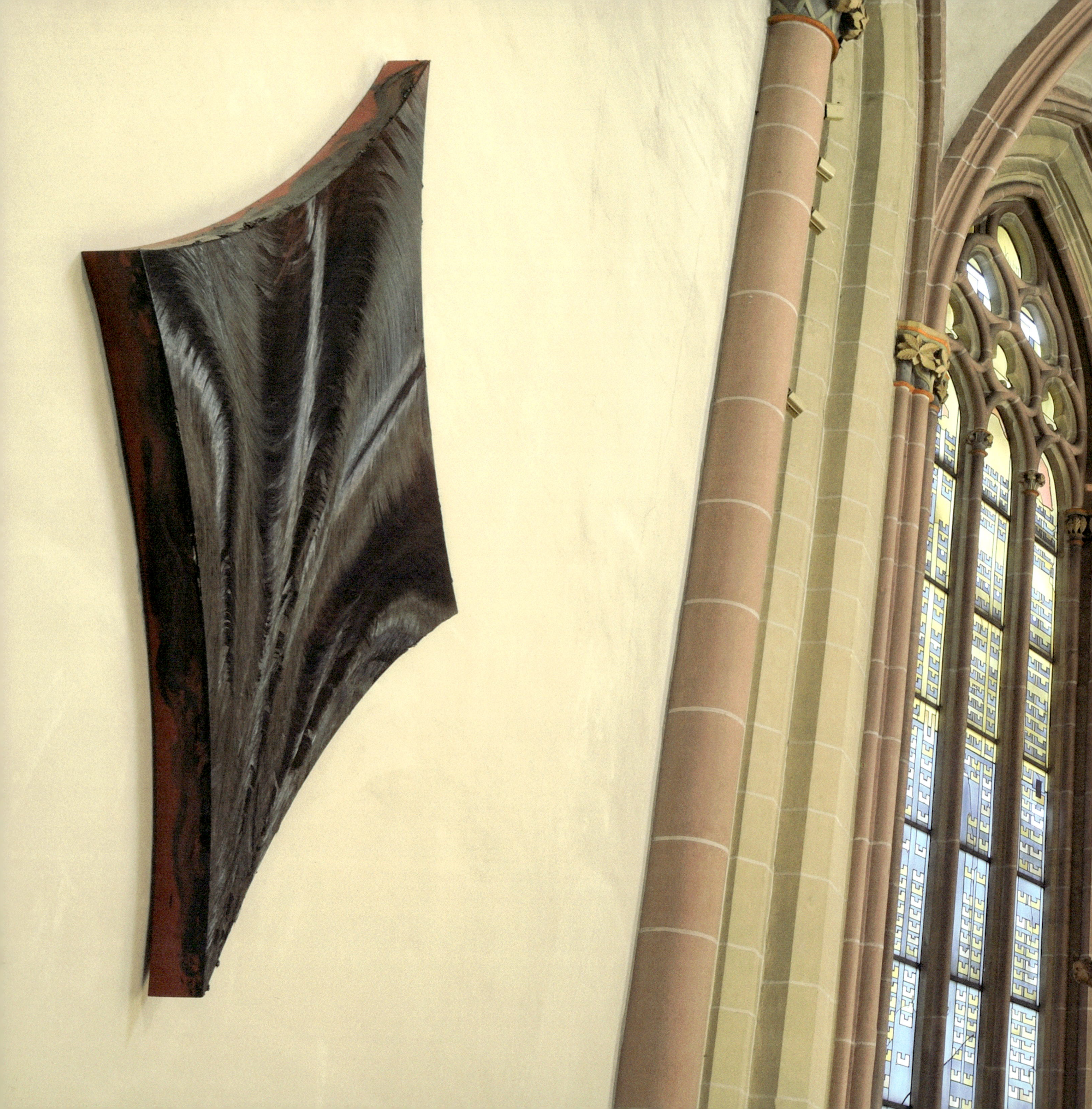

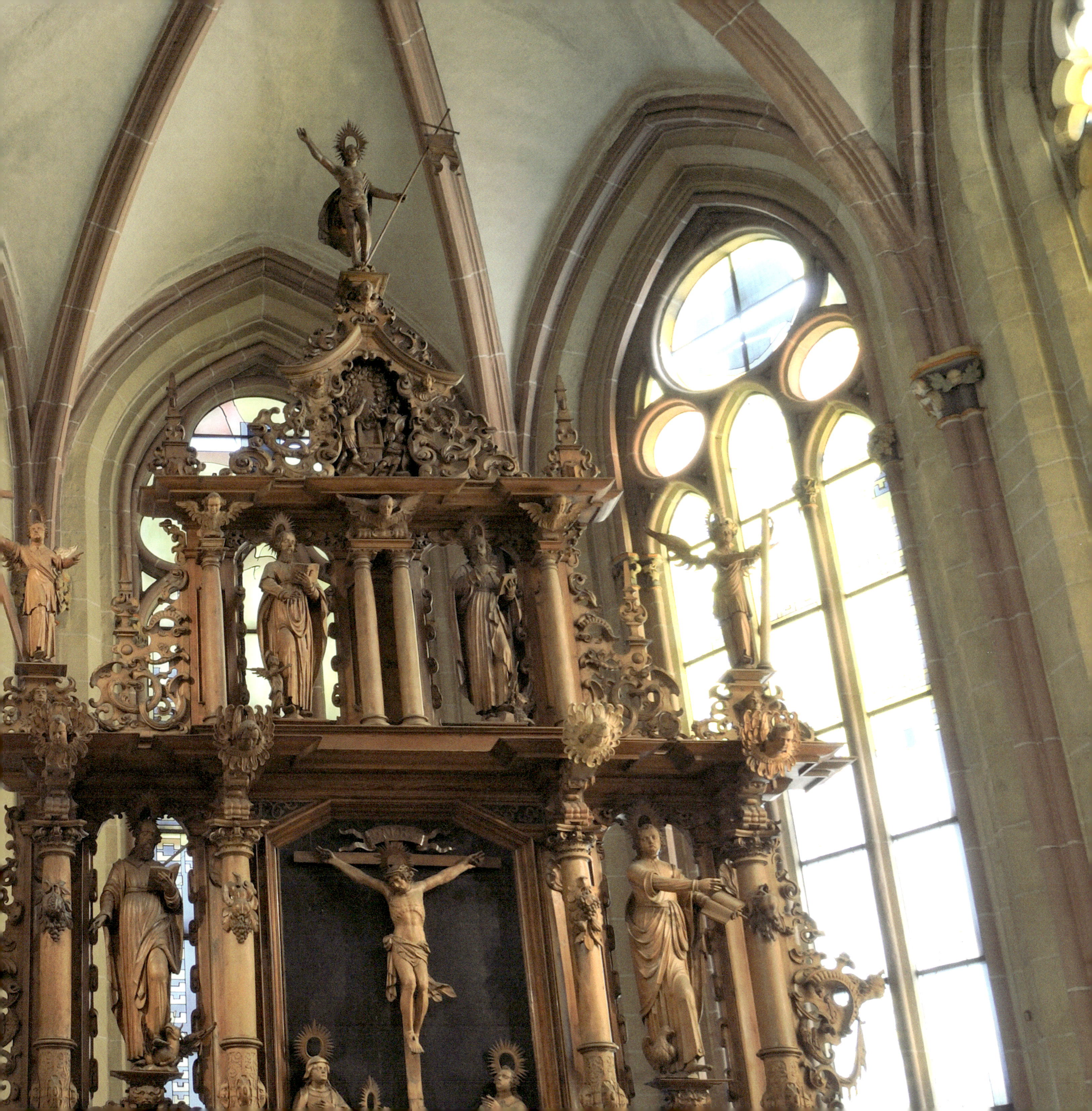

JASON MARTIN – AN INTRODUCTION

BY UDO KITTELMANN

Jason Martin first came to the attention of the broader general public during the *Sensation* exhibition at the Royal Academy in London in 1997. In other words, his work was part of a show that sparked a debate on the point at which artistic expression should heed moral values or the limits of »good taste«. The exhibition was viewed mainly in light of the controversy, primarily attributable to the sensationalist and shocking potential of some of the works on display there. Attention was thus directed to one of the two levels of interpretation innate in the exhibition's name, as »sensation« is both the physical response to something and the media attraction. Jason Martin's abstract paintings are to be viewed in light of the first of the two meanings. They playfully highlight the possible discrepancy between an object or rather a picture's properties and the effect it has on our senses. Without resorting to figurative means to generate the illusion of space, Martin's pictures confound our sensory perception. His works, painted with oil or acrylic on aluminum, stainless steel or Plexiglas, are monochrome and two-dimensional, as is the nature of paintings. Yet if we rely on our perception, we will find those certainties cast into question. The interaction between ambient light and the colored surface modulated by a broad brush gives rise to an array of colors, and the surface suddenly seems to have three dimensions. Put differently, the potential of Martin's paintings is often unveiled by the interaction of light, space and the viewer's particular angle of vision, changing each time one of the three variables is altered. Few are the viewers who will be able to stand calmly in front of his works and not move around exploring the surface of the paintings and thus their effect on the eye.

Jason Martin's oeuvre can rightfully be placed in the context of radical painting to the extent that the works focus on an investigation of the media used to create them, namely paint and surface. Yet Martin is also interested in something else. The exceptionally sensory quality of his images attests not only to the expressive power of painterly means, for Martin also seeks to investigate the mechanisms of interpretation and association, not to mention their variables. How do we read an abstract image? The monochrome image as a space for meditation and spiritual experience is a recurrent theme in the history of 20th-century painting. It was given either an Eastern/spiritual or a Christian/religious spin. Jason Martin likewise repeatedly concerns himself with the image as an object of reverence and with pictorial space as a place of worship, as is shown by his most recent work, painted for the chancel of the Church of the Apostles in Gütersloh, something to which titles for paintings such as »Pietá«, »Angel« and »Isis« also testify. By contrast, his seemingly fleeting ink drawings would seem to take their cue from Eastern traditions of painting and calligraphy. Yet there is a decisive difference. The way I understand Jason Martin's images, they are meant not or not just to evoke a spiritual stance. Instead, they are more down to earth and inquire into the cultural and context-specific legibility of an image that provides no figurative basis for interpretation. What relation to an object do shape and color have on the basis of certain cultural conventions and how do habits of seeing condition our perception of images, including abstract ones? When Jason Martin exhibits a painting in a chancel he inserts it into a context in which art is normally figurative,

represents and tells stories, above all that of Christ's martyrdom. Placed in this setting, the interpretation and signification of an abstract painting changes. They are influenced by the context here in a way unlike that which happens in a white cube or a mosque, for example. Martin thus asks to what extent such changes can be considered enriching or constraining, and at which point we can assume that the image's reception is »neutral«.

»People who are captured in the objective world,« Malevich wrote in 1922 in his treatise on *The Non-Objective World – The Manifesto of Suprematism*, »can [...] never be creative […] The truly creative person is free« – free of the objective world. What Malevich suggests here as regards the artist would seem to be explored in Martin's oeuvre with regard to the observer, too. Where and when does the relation to an object and corporeality cease? Where is the observer free of predetermined notions and associations? Where, from the viewpoint of the observer, does pure abstraction start? The answer offered by Martin's paintings can only be found in the process of viewing them. In them, you will not find pure abstraction in the sense of an absence of physical presence or corporeal facticity. Yet the paintings also show that this does not involve constraining the freedom of artistic expression, but instead essentially allows it to unravel its greatest potential. »I think it is necessary to understand the fundamentals of painting as necessarily embracing or encompassing figuration and abstraction«, Jason Martin affirms in the following interview.

CHURCH OF THE APOSTLES / APOSTELKIRCHE GÜTERSLOH   **UNTITLED** 2007, OIL ON ALUMINIUM, 300 X 200 CM

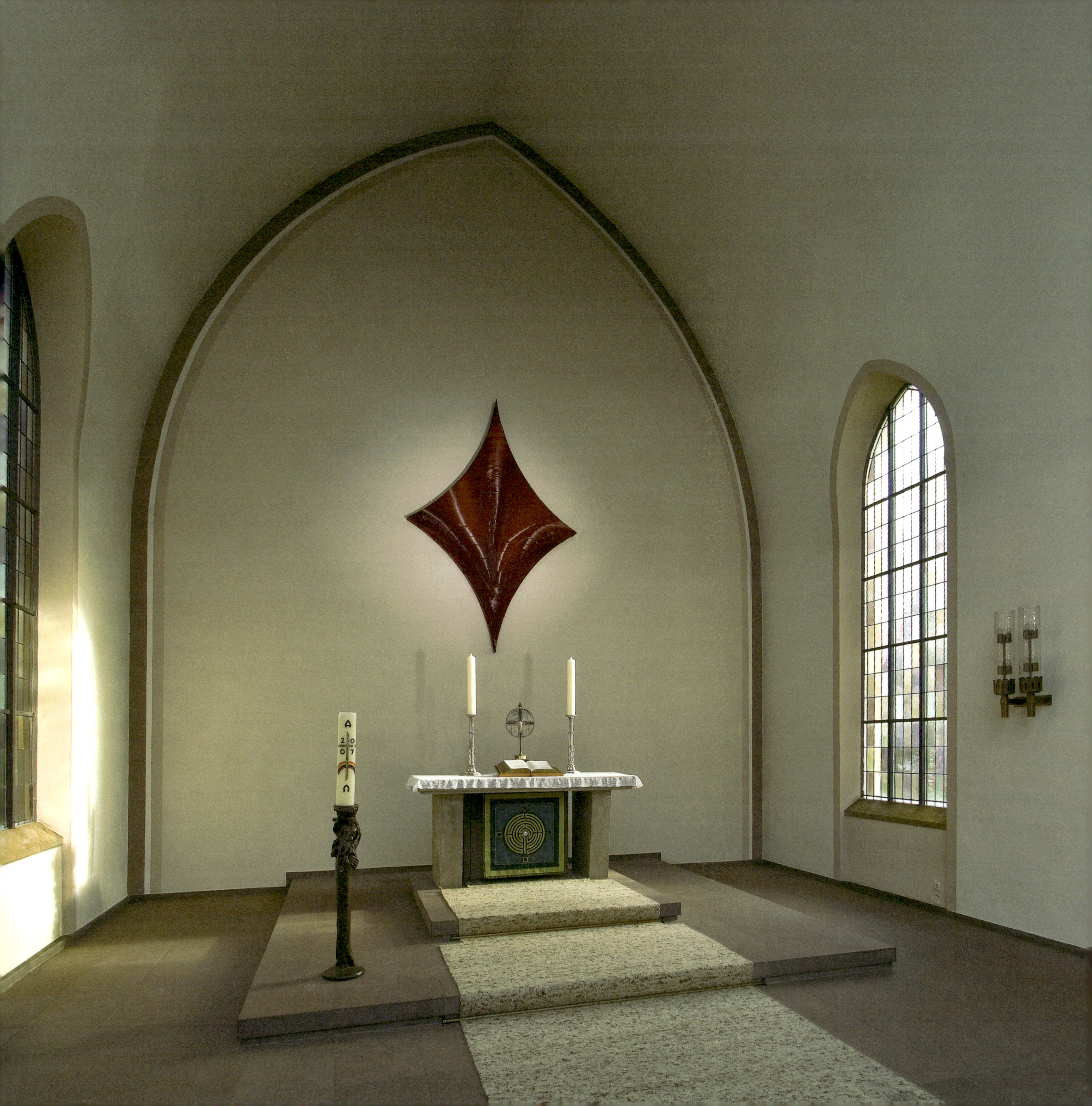

INTERVIEW BETWEEN UDO KITTELMANN AND JASON MARTIN

August 2007, Studio London/Teddington

If you were asked to do a portrait of the Queen, how would you go about it?
(laughs) Well I have made a painting called ›Queenie‹, not quite a portrait though…

You are an abstract painter and that's my reason for asking the question. I think that nothing these days – certainly since about the '60s – is artistically as difficult as being a non-figurative painter. Because… hasn't everything already been said about abstract painting? Thus, what I really want to know is how you got involved and so interested in painting non-figuratively?
The first and most important experience I had which consolidated my interest in abstraction as opposed to figuration was a visit to Waddington Gallery London. I was still at school in 1987 and I saw a Franz Kline painting there. I had never seen those paintings before, other than in reproduction. I realized there and then that my own interests were common to the merits of this work. The painting was immediate, dramatic, full of life, yet so economical and direct. Opposite Franz Kline there was a Julian Schnabel. And the Julian Schnabel was a very simple painting on velvet. Maybe three components making this work. There was this biomorphic form, a splash and a scrape. And that was it. For me, it seemed to harness the fundamentals of what painting could be without misleading you through figuration. The content seemed to be all there. It wasn't less real then any figurative painting I had seen. If anything it was more so, more immediate, more arresting. The Kline and the Schnabel were positively charged and more emotionally engaging than any figuration I had encountered. I realized that my belief lay in what I then thought was called non-objective painting.

So I thought that I could deal with the issues of painting through abstraction in much more challenging ways – I thought figuration was a means of getting somewhere, but if I could do away with that I would have a much cleaner understanding of painting or approach to making painting – a cleaner approach to my practice. However, at the same time there has always been an element of figuration in what I do. The most exciting abstraction distils figuration. I think it is crucial to understand the fundamentals of painting as necessarily embracing or encompassing figuration and abstraction. That day when I saw the Julian Schnabel, I recognized the challenge to strike a balance between the two. When he is on a good day – lucky I caught him on a good day –, he can actually achieve a balance between figuration and abstraction or an interior space and a depicted space, a picture and a stage. With regard to my own works, I think that they are to be considered as bodies in themselves. My paintings have an interior life, which I like to trap and keep at the very moment they start working in the studio. That interior life gives them a sense of a body, makes them physical, less abstract and neutral.

Do you have a plan before you start to put the paint on the surface? Do you already have an idea what colour to choose?
Yes – I make choices with volumetric colour in mind. Prior to any fabrication of panels, I make decisions about support and scale. I choose to work with colour for its structural and not its decorative quality, how a certain colour actually feels between your fingers, as opposed to its clarity of hue. Many of my works appear monochromatic, however that is mostly not correct.

It is interesting to talk about monochrome painting with regard to your works, because they are indeed not monochromatic in the traditional sense.
No, not at all. I try to fuse the warmth of figuration with the academic rigour of abstraction. I like to think that the spaces I reach with my work subvert traditional ideas of monochrome painting.

Yes, I definitely see your point. Since we are talking about figuration and abstraction and the role of colour, there is a nice anecdote that comes to my mind, which occurred recently in our museum. Some months ago a new guard started to work with us. A woman. It's the first time that she has worked in a museum and she isn't very familiar with art. She was working in a room that included a work by Frank Stella dating from 1964 with blue and yellow stripes and entitled »Rabat«. I asked the woman whether she liked the work. And she said: »No, not at all. I have some works at home, but they are very different. I don't like this kind of abstract art.« As I knew that she comes from Morocco and was born in Rabat, I replied: »Look at the title!«, and went away. Two or three days later I met her again and asked what she now thought of it. »Oh,« she said, »now I can imagine what the idea behind the picture is. Those are the colours of Rabat.« You see, that's excellent, it's great! Sometimes it's easy to make people familiar with what is going on in art, and that includes abstract art.
To return to talking about the relationship between abstraction and figuration – or depiction – the role of the title seems relevant. For most of your works you use titles. Do you have already a theme or even the title in mind, when you start painting?

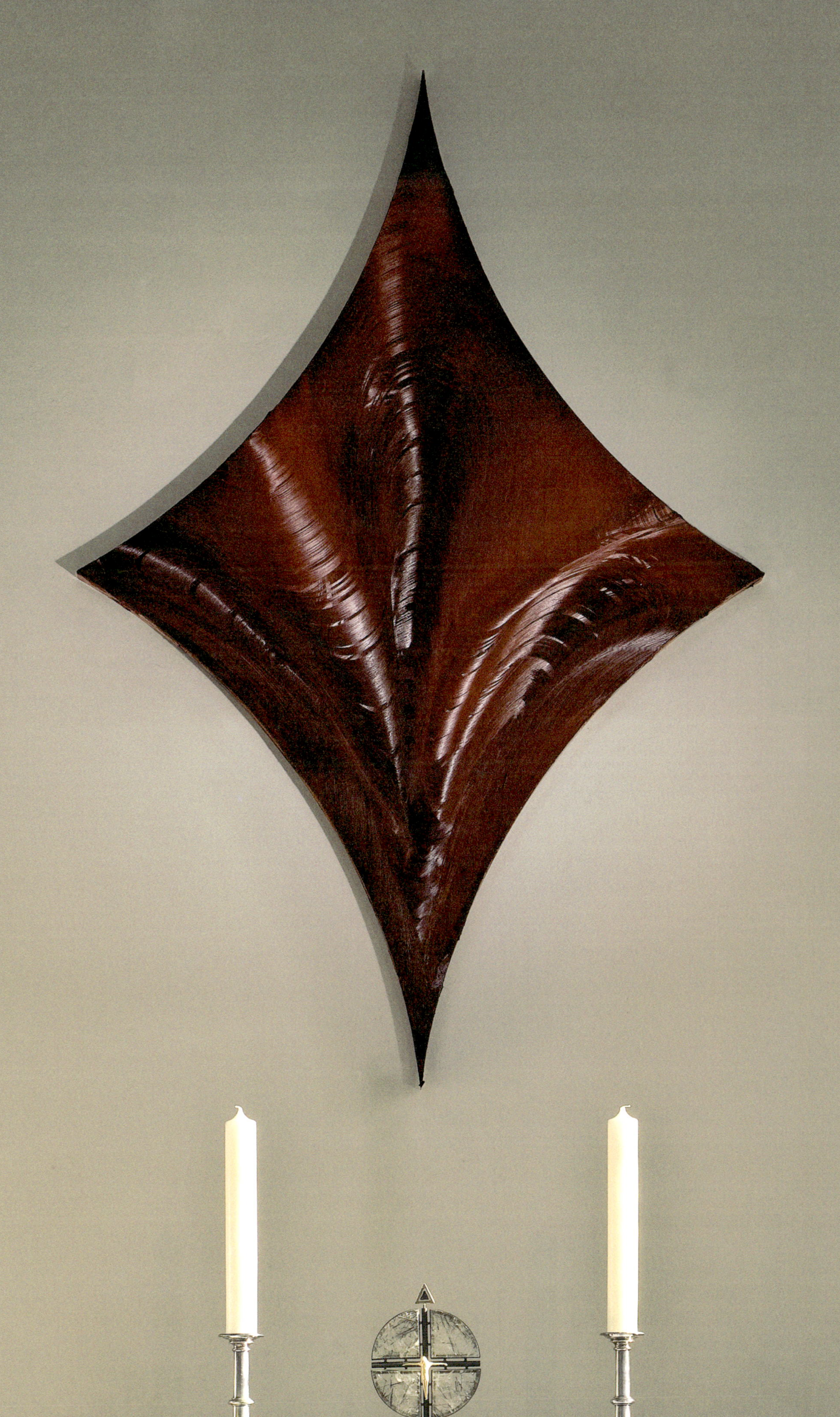

No, I always wait until the meaning of the work reveals itself through its making. Until I have made an emotional journey. This may be a very quick and intense journey, or it may be a long journey, which may take many, many hours. I always say to people that it takes a lot of hard work to make things look easy, and good results should look effortless. The eye always finds flaws first. Painting should seem to be uncomplicated, though it is far from that. A title is a means of closing off and endorsing the completion of a work. How this is arrived at must be poetic, never literal and only very occasionally descriptive.

When I went through one of your catalogues, I came across one painting entitled »Atheist«. I thought: »My goodness. How can you call an abstract work ›Atheist‹?« What was the journey with that particular painting? How did it start and how did you come to the conclusion: »Now I will give this work the title ›Atheist‹«?
Form, colour, composition are all tools that develop thought and idea. They suggest certain notions that you arrive at unexpectedly through the activity of painting. »Atheist« at the end looked so resolved and felt so concrete, yet remained an enigma to me, as it seemed to have had the spiritual life sucked out of it. That gave the work a strength that was uncompromising and unforgiving, it could compete with any of the most spiritual or pseudo-spiritual statements that I had made previously. For me it was a kind of an anti-painting or an anti-spiritual work.

So the process of doing a painting means that you enter into a very strong relationship with that work?
Yes – and the title has to be suggestive. It has somehow to convey a poetic suggestion of what the painting is. Where is the poetic story-line of the painting? What character and personality does a work have? The works in this publication all relate in some way to themes found in Western religious narratives, Eastern ritual and calligraphy. The symbolism and references found in religious painting for centuries have engaged with still life and landscape. I want to extend the possible frame of reference beyond the figure and the many interpretations of Jesus on the cross. I think the mystery of painting allows you to consider different and diverse conditions, memories, emotions in an endless flow, just by the very nature of how you push paint around on a surface. You may have preconceptions of what you want the painting to do. More than likely though, it will take you somewhere very different. You have to learn to temper deliberation with abandon.

In the same catalogue in which I came across the »Atheist«, there is another work: »Praying to Mecca«. It is yellow and I really think it has to be yellow. The colour that comes to my mind when I think of Arabia is always yellow. It's not black, only because that's the colour of the Kaaba. For me, the representative colour is definitely yellow instead. It is, I find, a very optimistic painting.
Yes, I made the work in 2000 and showed it in the USA. With »Praying to Mecca«, I had a sense that the work possessed an absolute and very specific directional geometry. The drawn elements that underpin the composition and the flat colour, yellow, being not so spatial, make the painting almost a sign or gate, or even a threshold.

I find your occupation with religious themes really very interesting. What does it mean to believe in God?

To believe in God means that you have an extremely great knowledge of abstract thought, does it not? I don't know – it's just a question.
God is a positive way of giving an identity to what we don't know. I do not trust the common idea of God as that completely benevolent and omnipotent being or entity. My idea of God relates more to nature and the sublime.
However, I consider myself to be as spiritual as any religious man I have met. My faith, which I am sure is common to the ›believer‹, comes first from within myself. Having a faith in the possibilities of what or who you are defines a person. I reach my own resolve not through certainty and more from the solitary enterprise of building a studio practice each day, burning a slow flame of personal vision and a lasting commitment, perhaps like ploughing a very large field. I think people do find their own interpretation of God. So the titling of this publication and of the exhibitions in Gütersloh and Goslar is important, there are many Gods. The reading of Gods is deliberately not singular.

So what is the final title now?
»FOR GODS SAKE«! Because, HOW you read these words reveals your own position: Is it an expletive, is it blasphemous, is it an answer to a question or is it just a very straight matter of fact?

Let's talk a little further about this current project and notably about the above-mentioned work for the church.
Yes, the painting for the church will have the form or geometry of a curved diamond. I have previously made two works inspired by the German romanticist painter

Franz Pforr and his piece »Sulamith and Maria« dating from 1811. The paintings I entitled »Pieta« and »Peak« went to Brazil and Lebanon respectively. Beirut, as you know, was heavily destroyed last year and reduced to rubble. I was very happy with »Peak« going there. Having these works going to predominantly Muslim and Catholic countries, made me realize they can mean something very different in their spiritual capacity to different individuals who now live with and experience those works. For Islam and Christianity, the arch resonates very different architectural significance.

Starting from there, I came to think about how I could adapt the cross to resemble a curved diamond and vice-versa. I looked at common architectural details in Islamic architecture, hence the curved diamond, but I also wanted to make quintessentially a cross. The idea of employing these different forms became very interesting to me. Abstraction has the possibility to be symbolic and iconic for a Muslim or Christian, man or woman. Two communities of people that go into a house of worship, whether it be a mosque or a church, and they draw their own meaning from a painting that shares opposing or different spiritual identities.

It may well be that the support that I had from the church in Gütersloh, for which I will make a new paint-ing, is because they could see that the proposed work is a thing in itself, it's a body in itself, not a depiction. Equally, it is not the outcome of an increasing abstraction. It takes the opposite direction, starting from abstraction and becoming physical through abstraction. A body in itself, a statement of its own, existing in its own right.

Yes, it's an interesting thought. Here, you're talking about two different sacred spaces. Both of them stand in great contrast to a white cube or museum space. But all of them possess an aura of their own and it's this aura, which makes people keep a distance to the work. This isn't necessarily something positive. I consider it important to draw the audience close to a work. As I heard a while ago, Barnett Newman really wanted the audience to stand as close as possible to his paintings, he really liked that. Of course, you won't get the same emotions from two metres' distance than from being very close, but generally the viewer is kept at a distance. A Newman, or let's say not all Newmans but the typical Newman works better close-up. With your work it's quite different. Your paintings work in a very different way from afar – but they work. However, when I entered your studio some minutes ago, I felt it so important to get very close to the works if only because of the attraction exerted by the surface. I wanted to see it from all directions and I want to see how the light fractures on the structure of the painting and then, finally, I would love to go over it with the hand, which is emotional, and want to complete the senses by touching it.

Yes, until you touch you haven't completed the senses. For me, when I see an ancient ornament I want to touch it. But you are worried that by doing so you might damage it somehow. The paintings that I make are tactile because I like to think that they might engage you not unlike a sculpture engages your space. They are not flat, rather they seek to be understood from different positions. I like to think that my paintings can be ex-perienced quite like sculpture; you are always finding differences by moving around, there is no fixed position that is more important than another. Surface helps you develop form.

We spoke about what both a sacred space and the museum space share, namely a means to keep people at a distance through some attitude of reverence. Yet obviously, the kind of aura the two spaces possess is considerably different. And it's the context that is equally crucial for the reception of your work.

Totally. If I make the painting for the church in Gütersloh succeed as I would like in the studio, I have to imagine how that work might inhabit the space of the church. And it will be a very interesting prospect. How that painting answers the space and how it holds up in the space if it carries the aura that it should, this will for me be a very revealing exercise. Talking about context as well as of the notion of distance or closeness makes me remember an extraordinary experience I once had. I witnessed the destruction of an incredible work, ironically named »Cathedra« by Barnett Newman. Shown in the Stedelijk Museum in Amsterdam, this painting was slashed four times along the centre. Coincidentally, I happened to be the last person to see »Cathedra« alive and the first to see it dead. I saw the guts of the painting hanging from the main canvas. Immediately after the attack, I confronted the man, who did it, asking him what gave him the right to deny me the experience of seeing that work. He replied: »There is a problem between realism and abstraction«. I wonder if he would have gone to the trouble if the work was not in a museum, and instead in a church, for example. In that case, it would not have been subjected to the same intellectual criteria that are associated with a museum or a gallery. This is what I find exciting and challenging in conceiving a painting for a church.

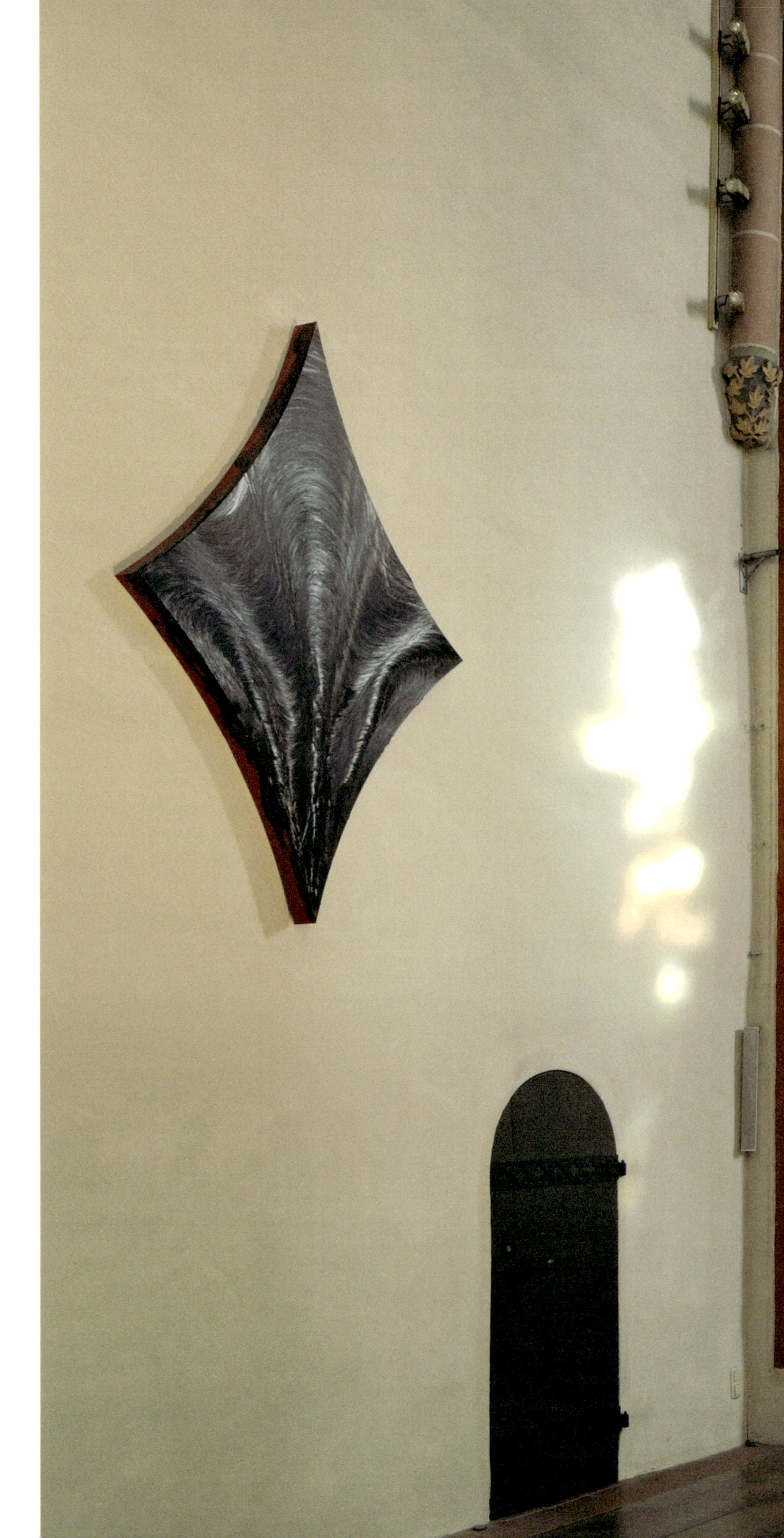

MARKTKIRCHE, GOSLAR

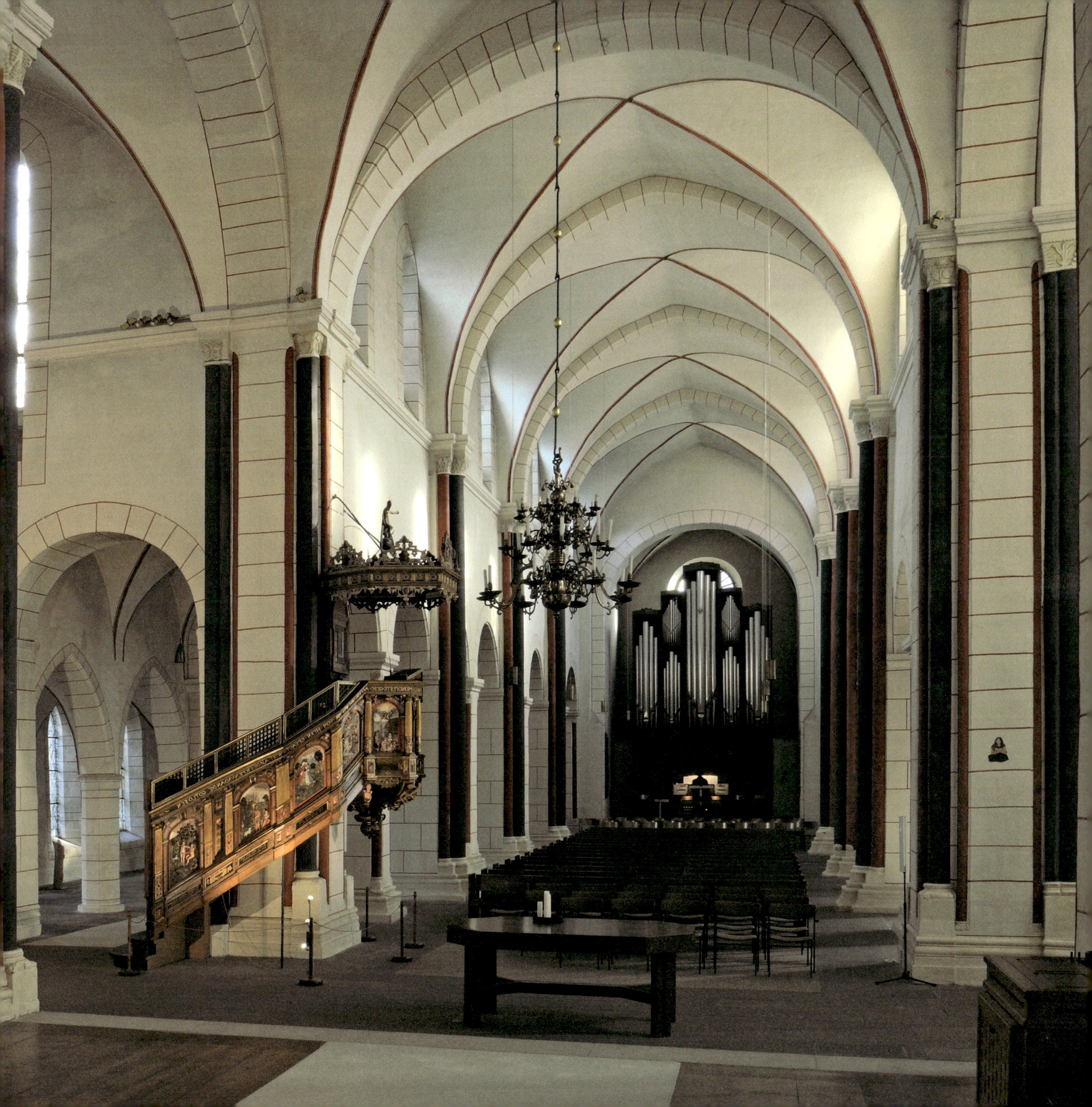

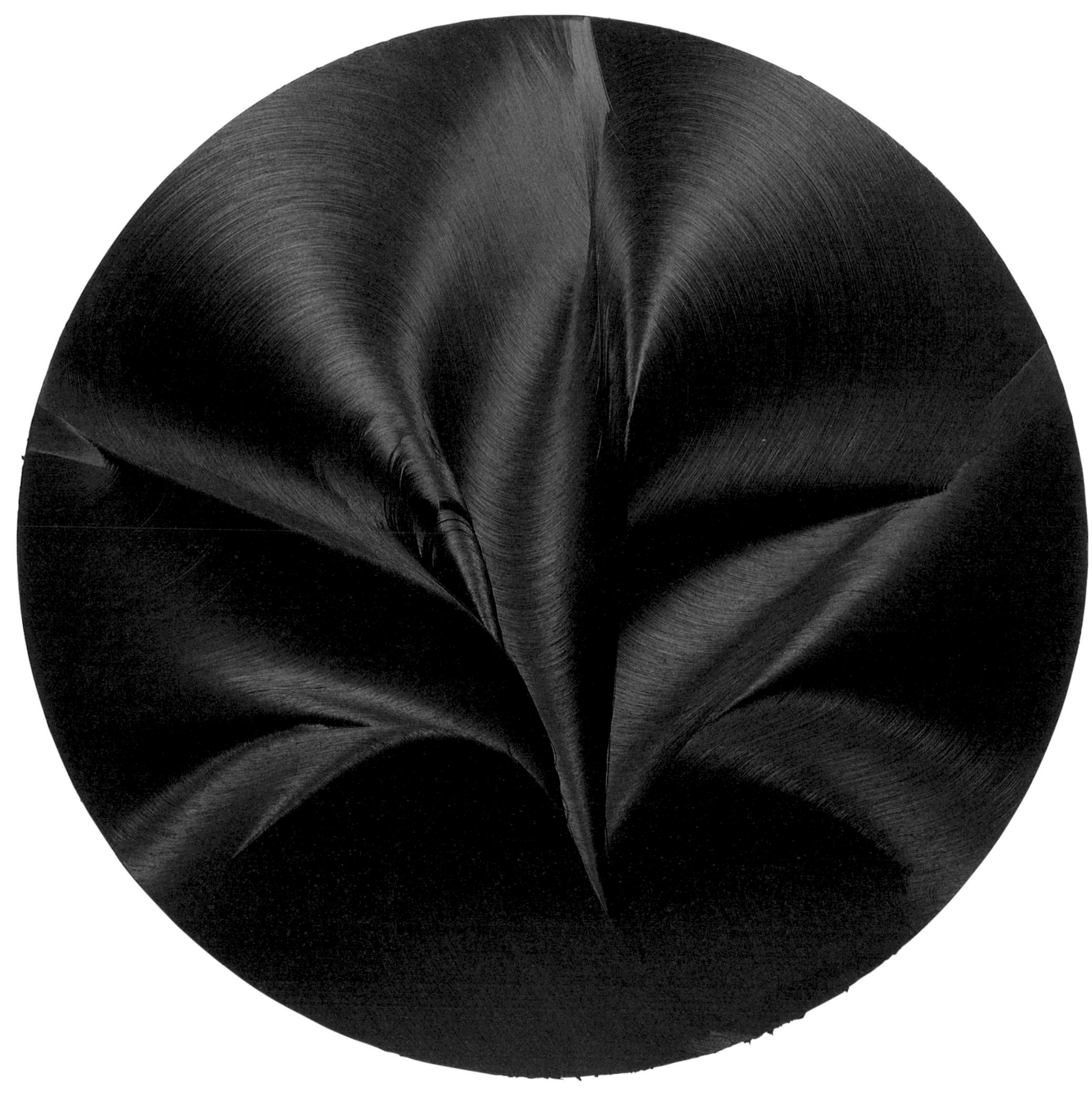

OCEANIA 2006   OIL ON STAINLESS, DIAMETER 175 CM

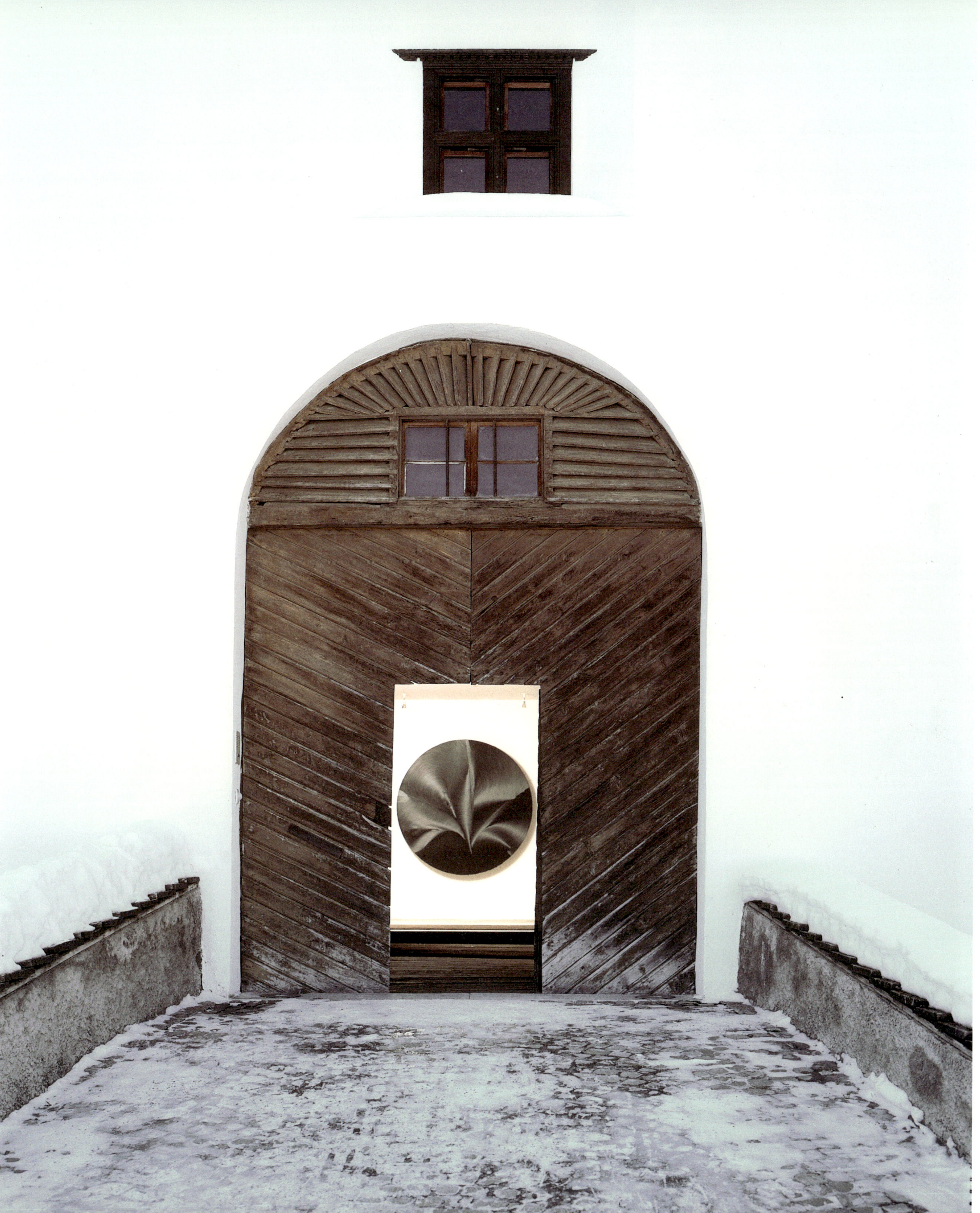

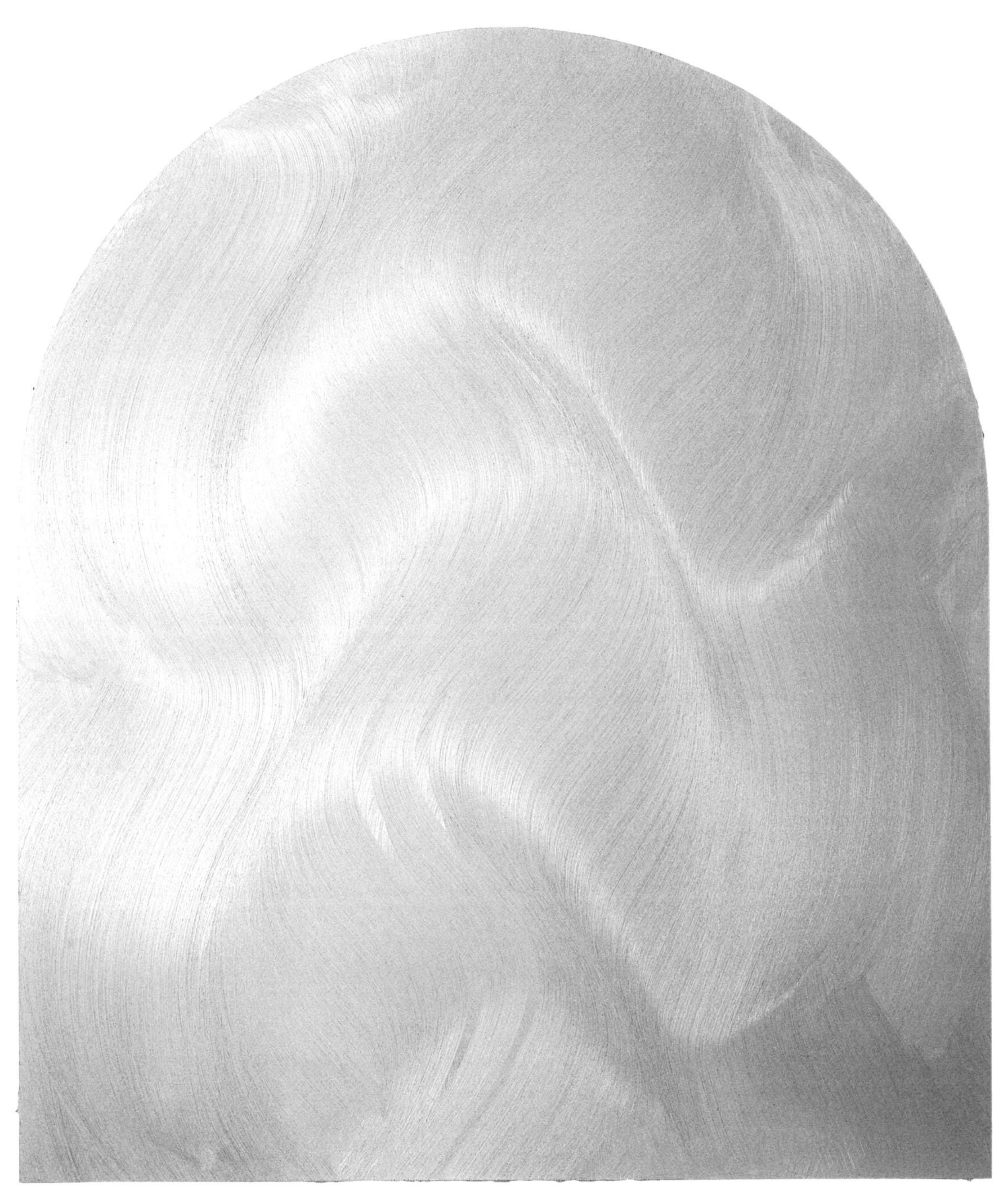

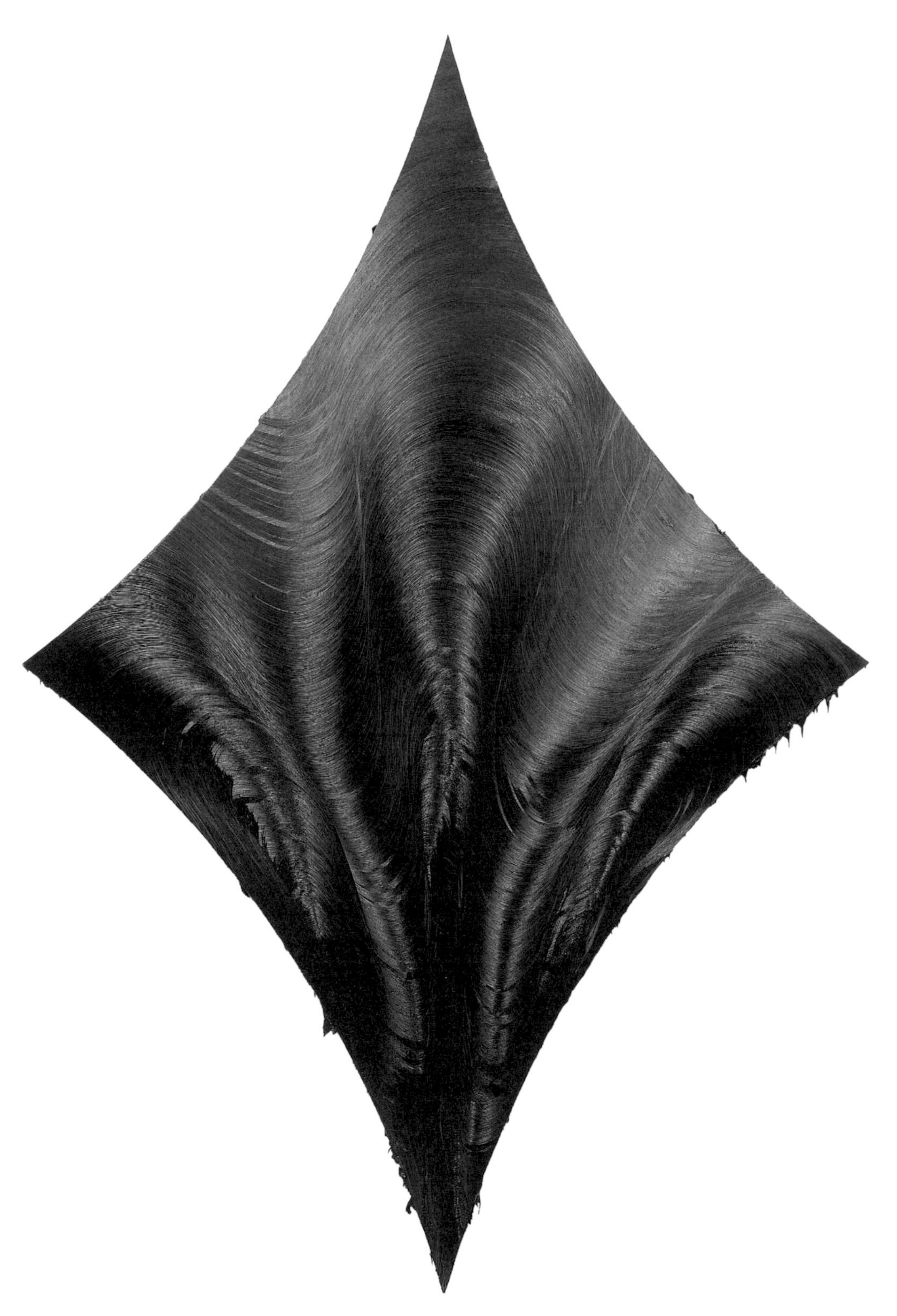

LATINO 2006   OIL ON ALUMINIUM, 400 X 265 X 16 CM

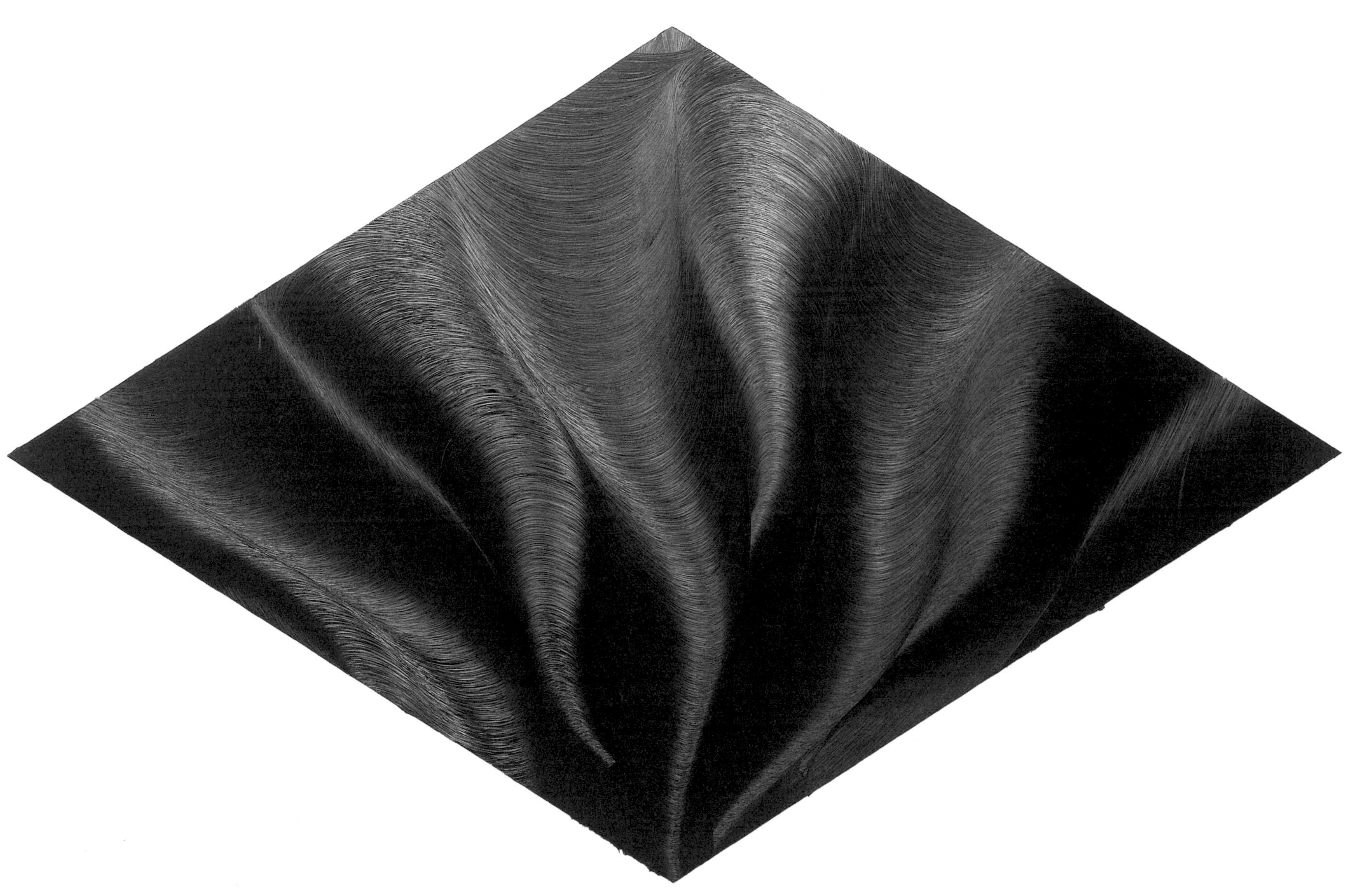

SCORPIO 2007   OIL ON STAINLESS, 200 X 400 CM

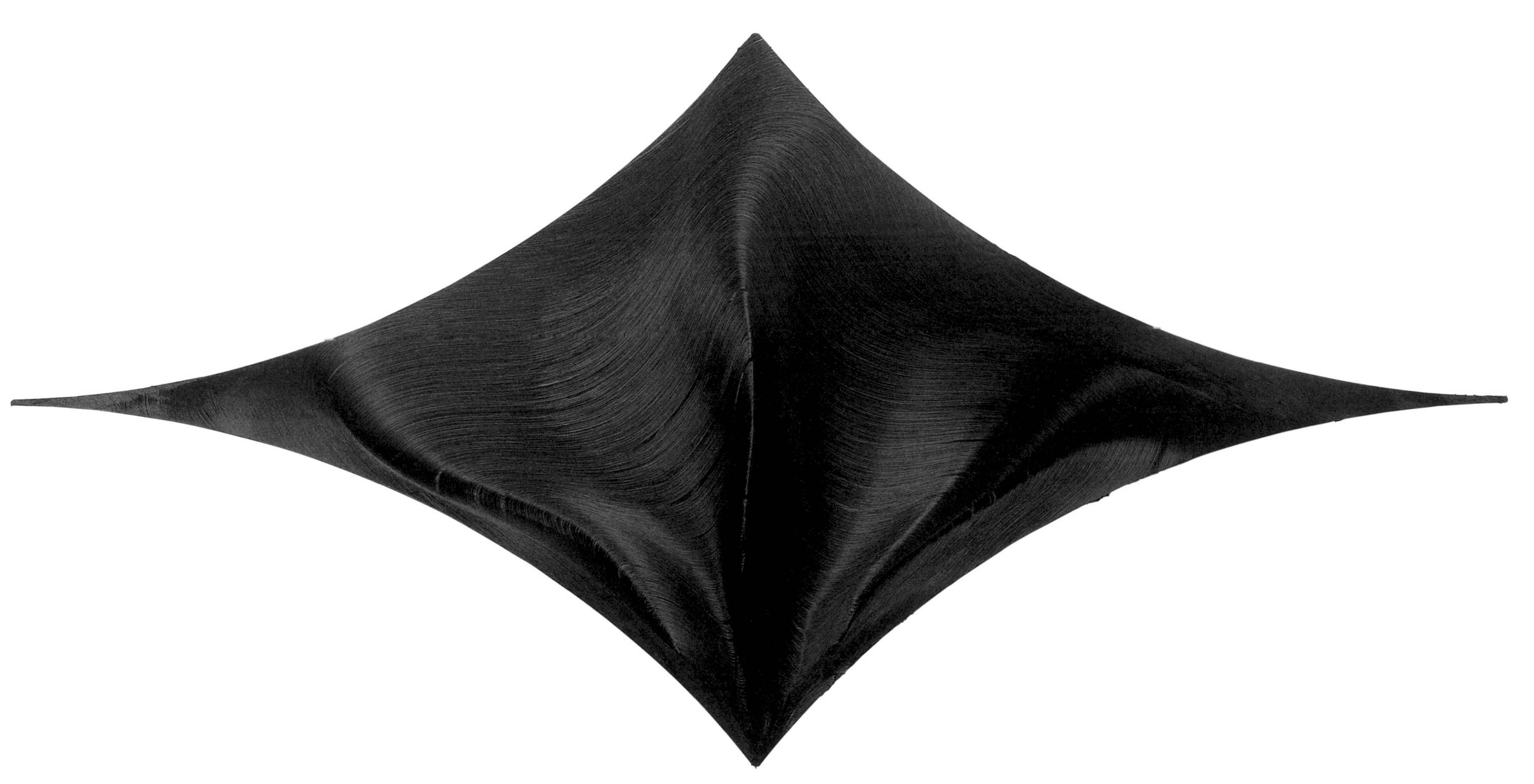

ISLAM 2007   OIL ON ALUMINIUM, 200 X 270 CM

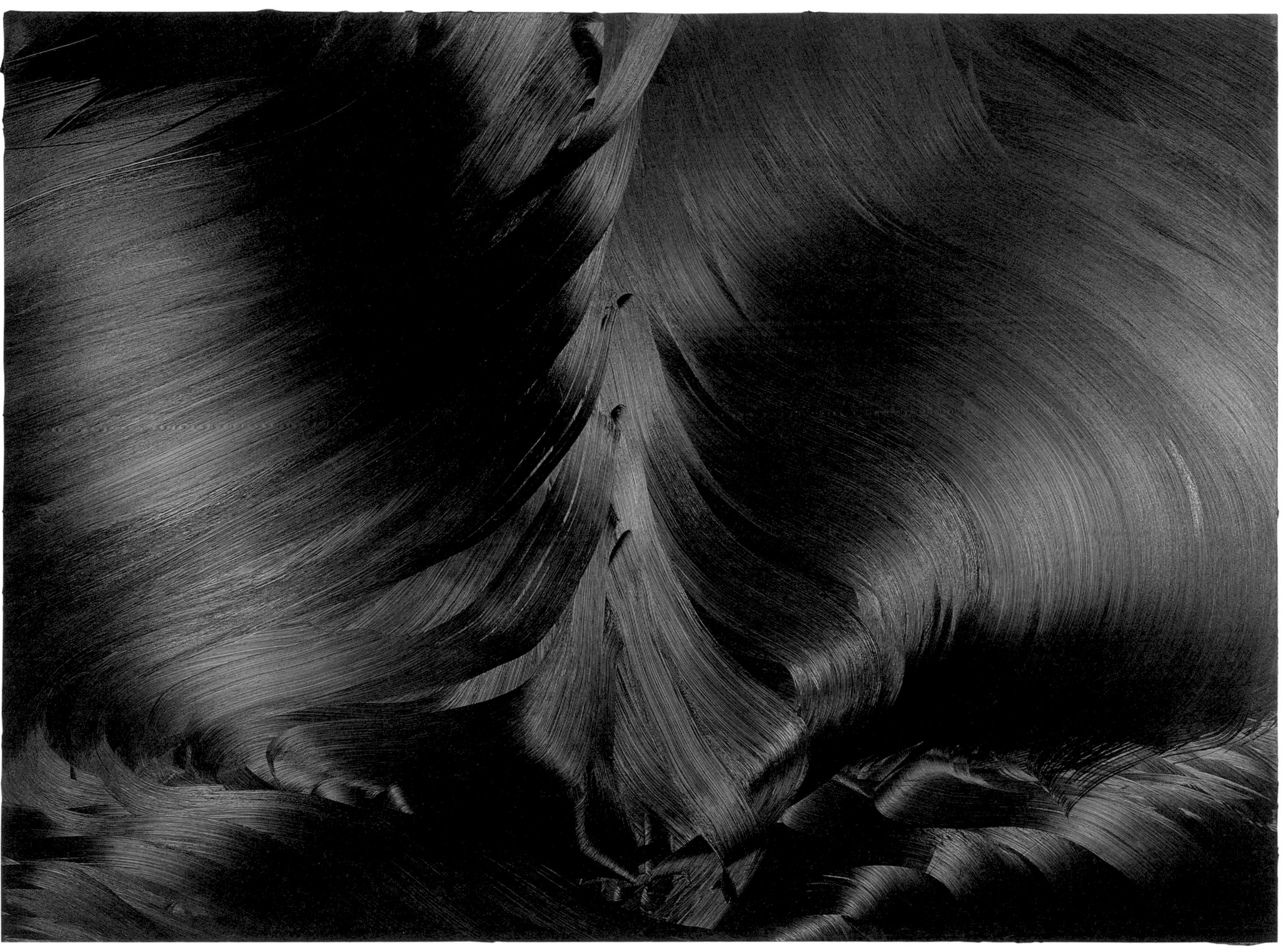

RILKE 2007   OIL ON ALUMINIUM, 173 X 173 CM

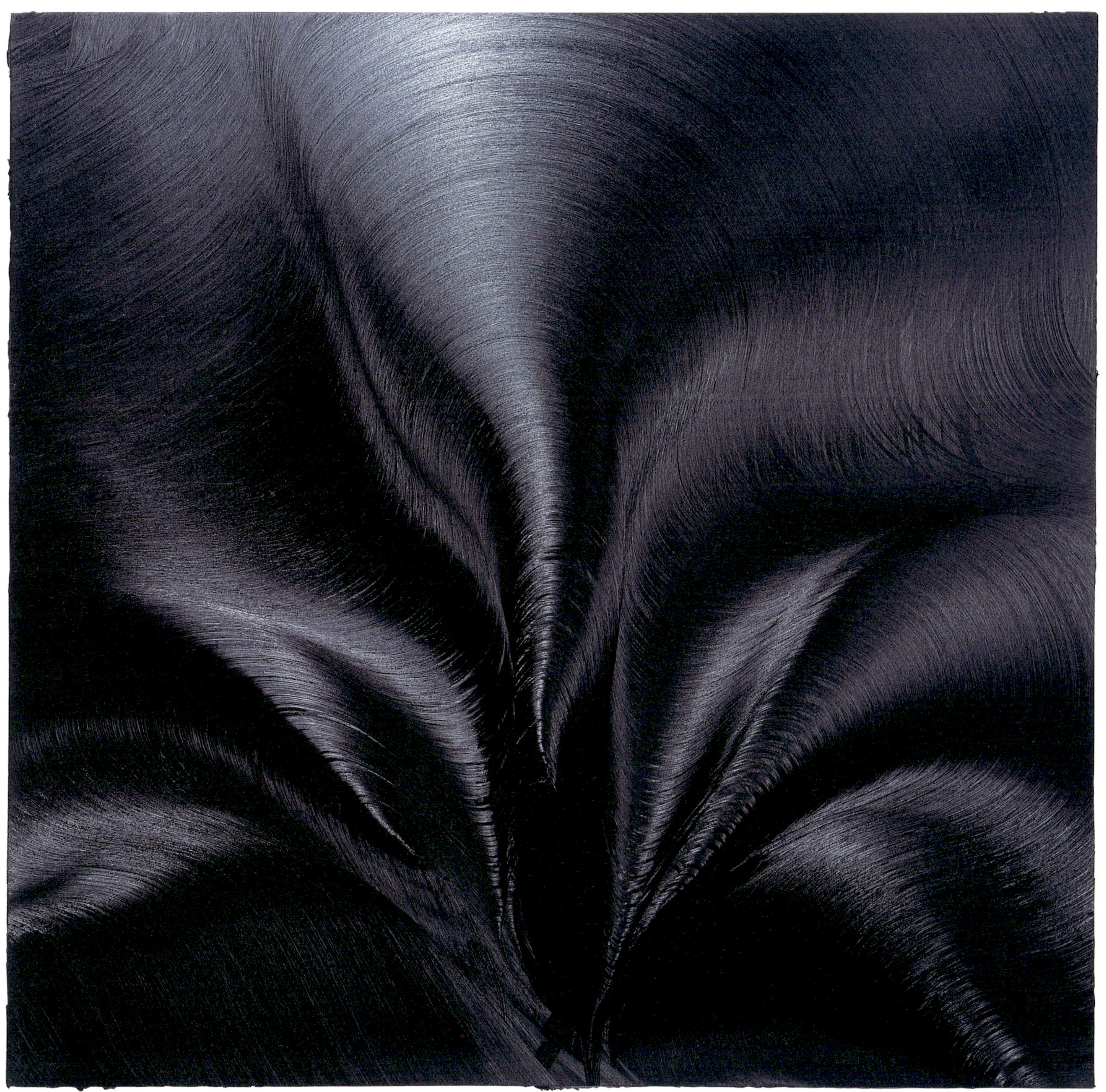

CLOSER 2007   OIL ON STAINLESS, 173 X 173 CM

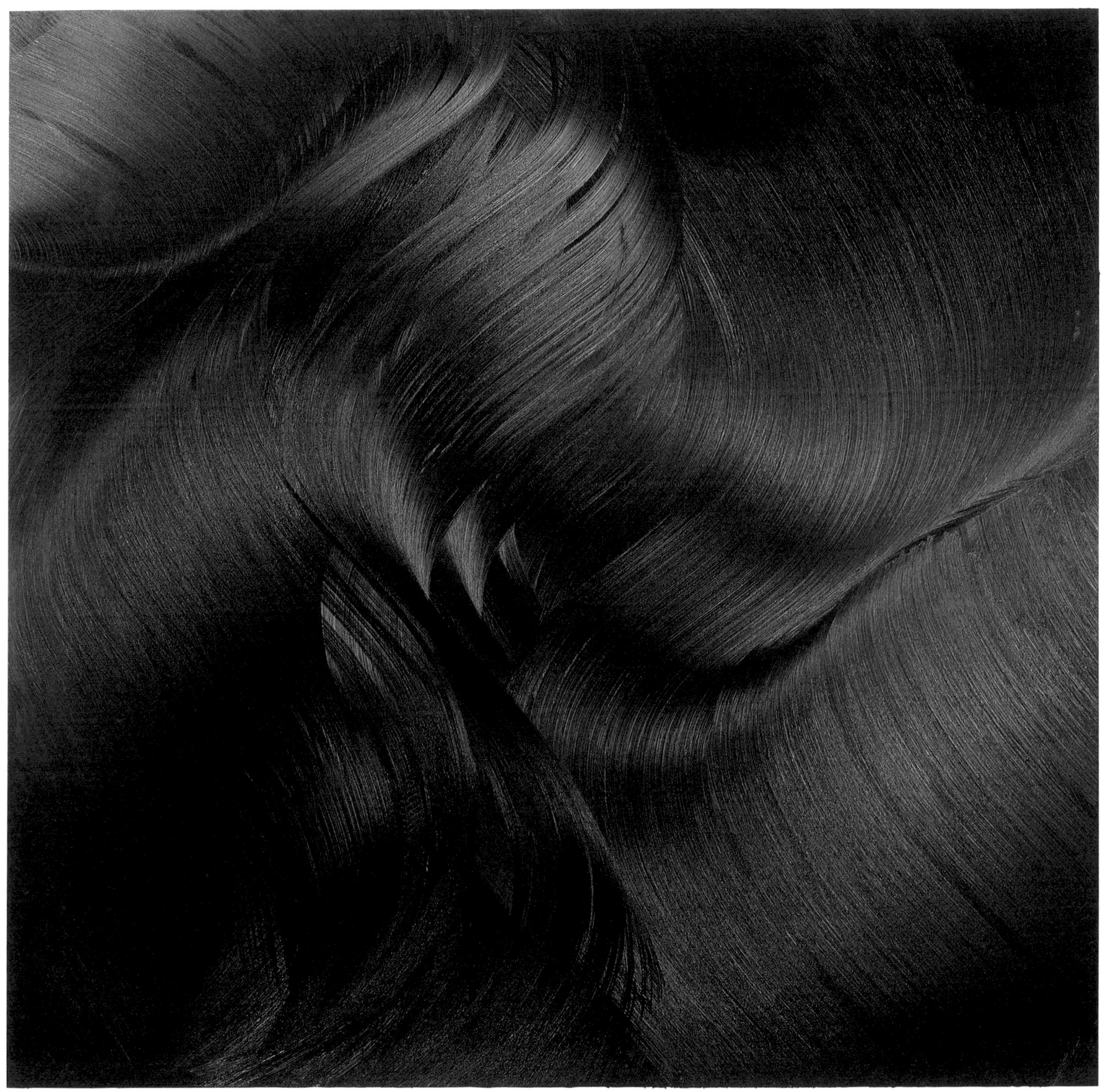

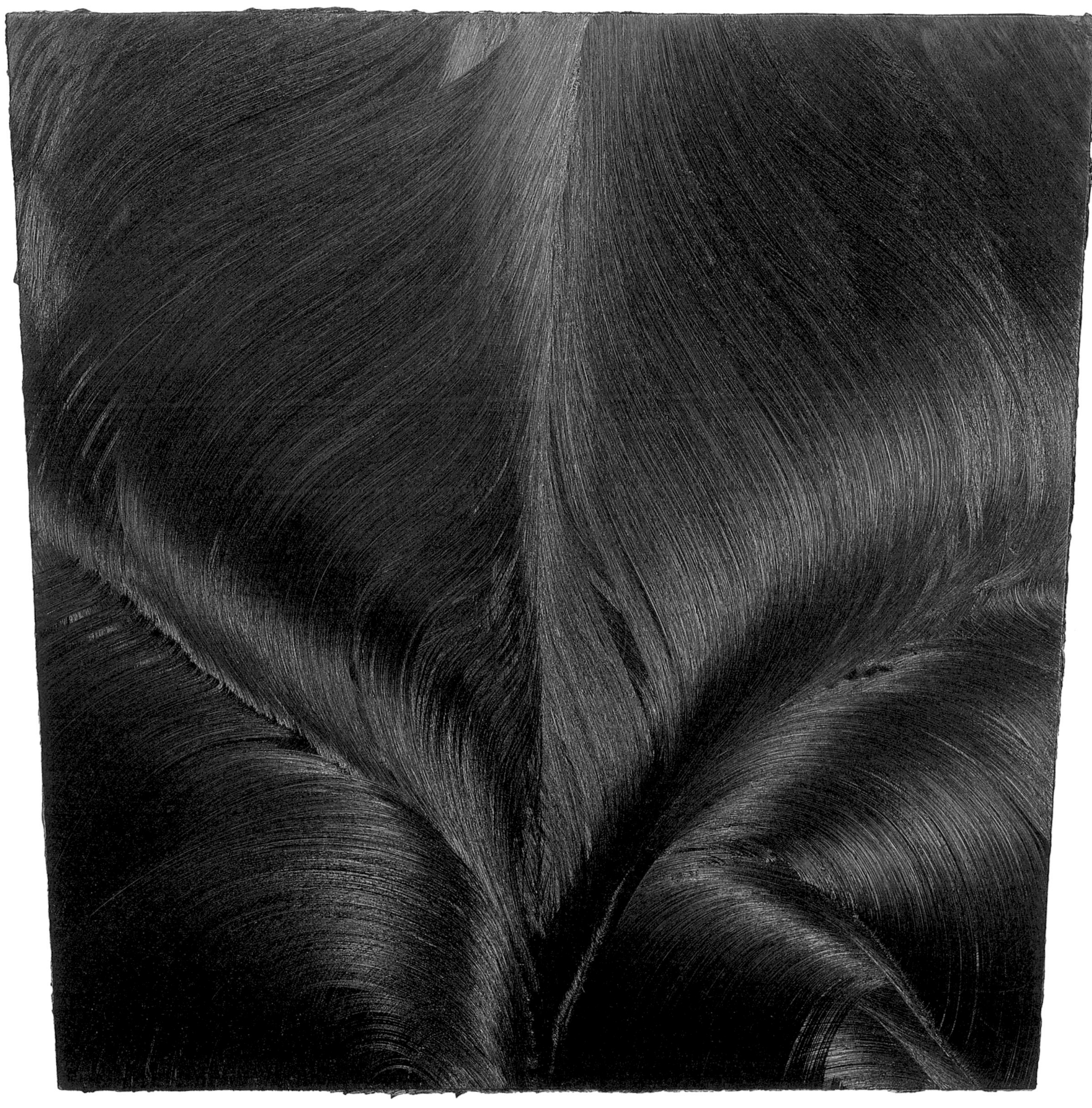

PULSE 2007   OIL ON STAINLESS, 173 X 173 CM

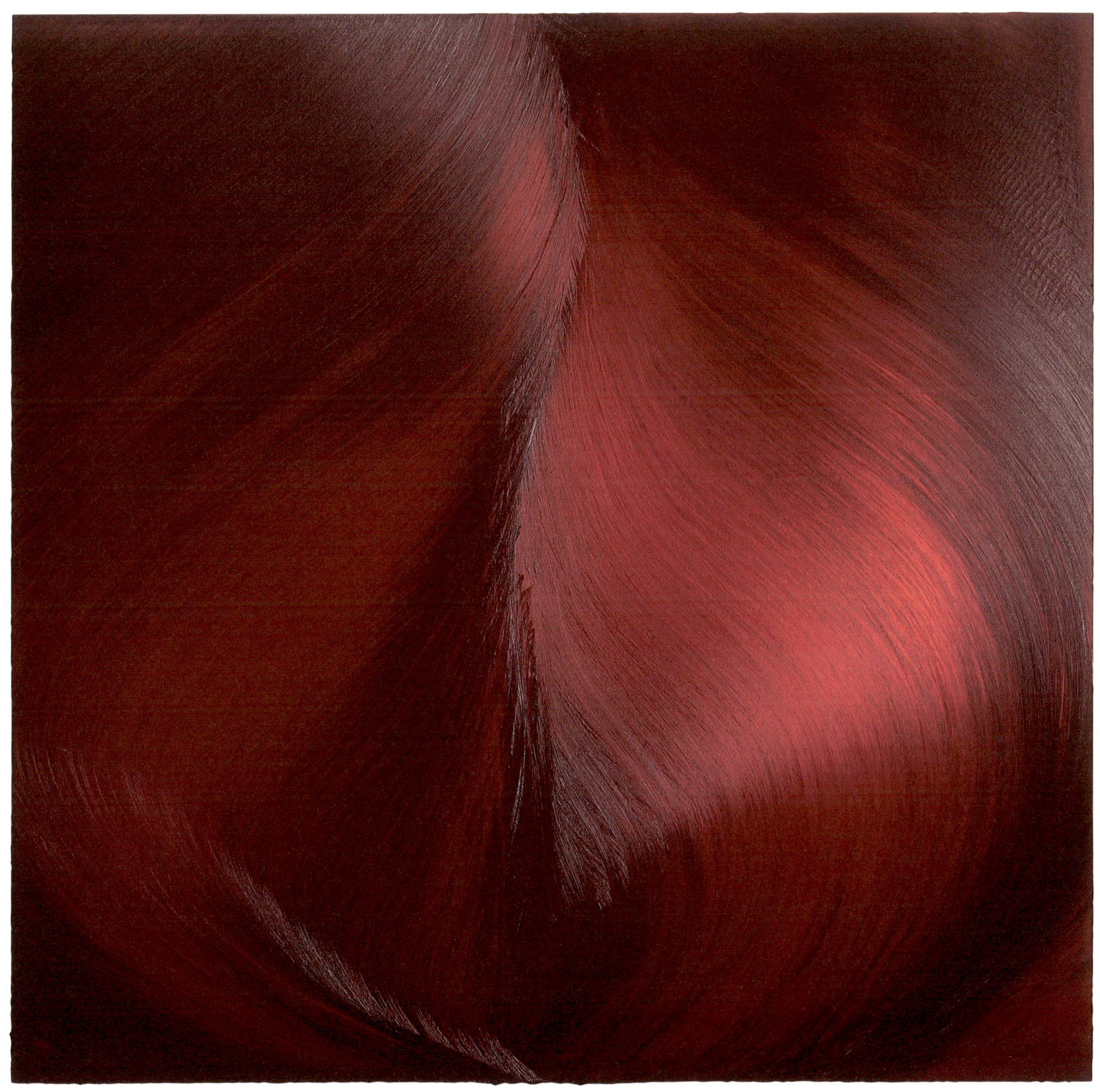

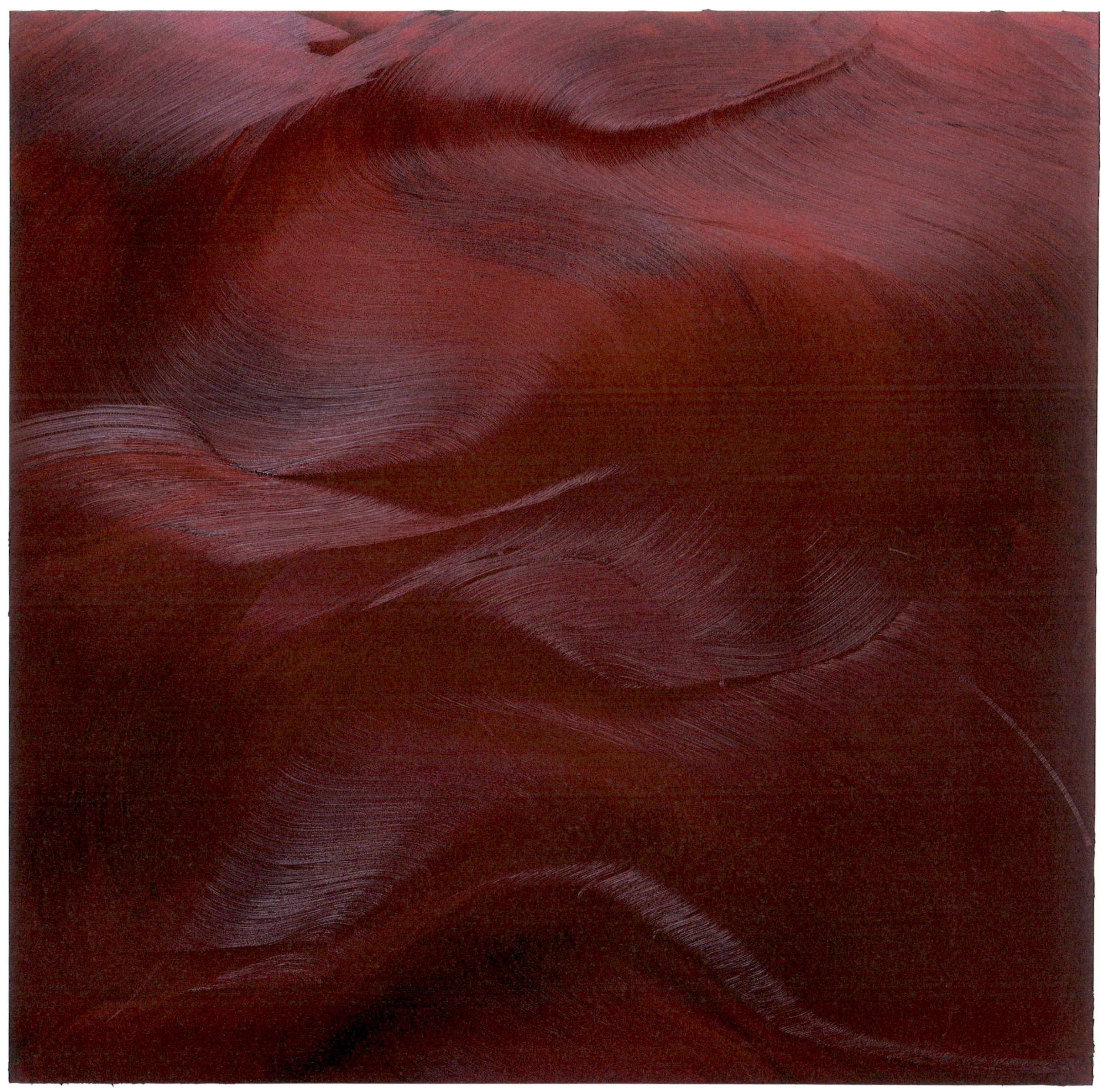

TUPELO 2006   OIL ON STAINLESS, 200 CM DIA

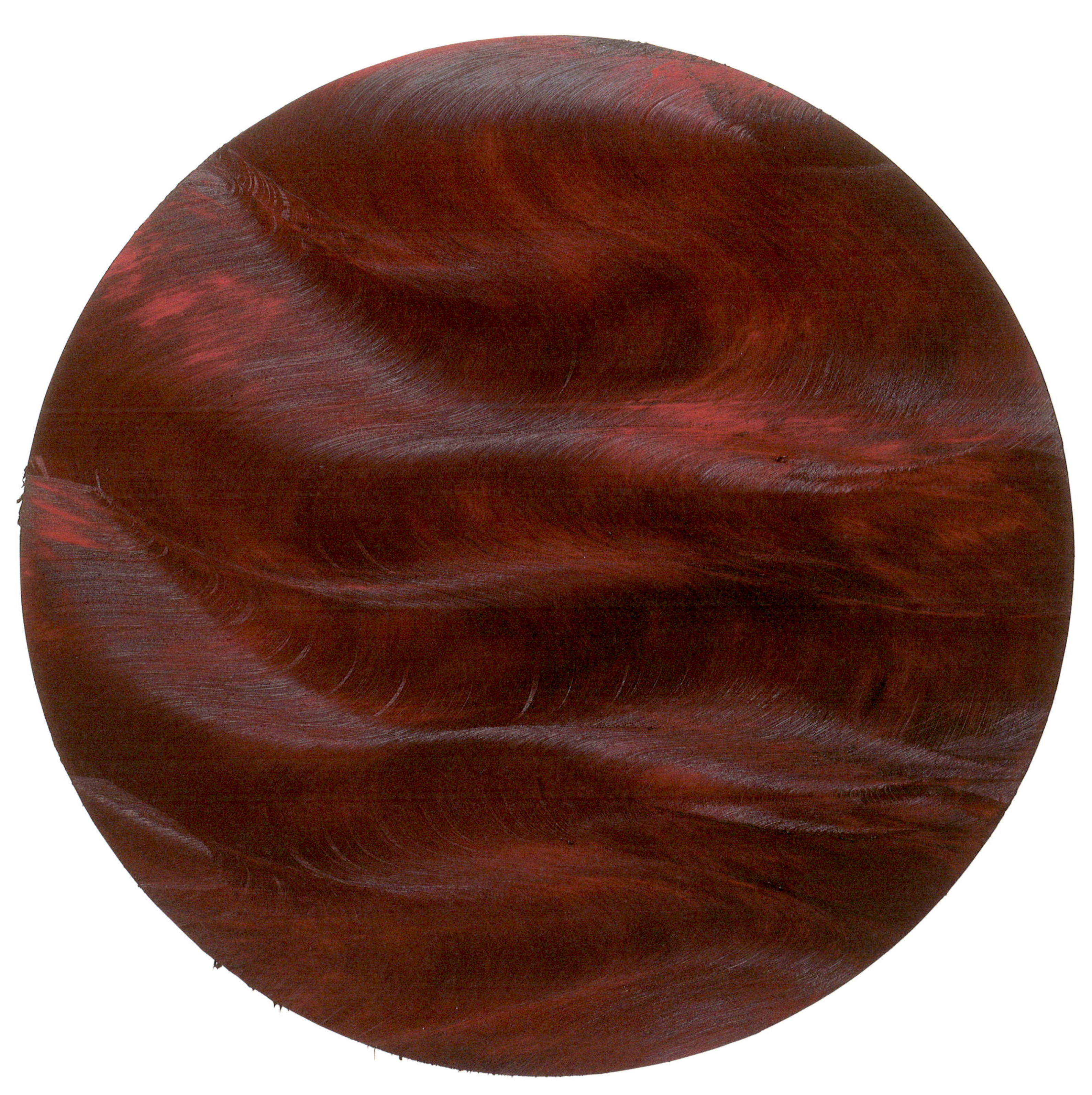

SAINT 2008   OIL ON STAINLESS, 120 X 200 X 15 CM

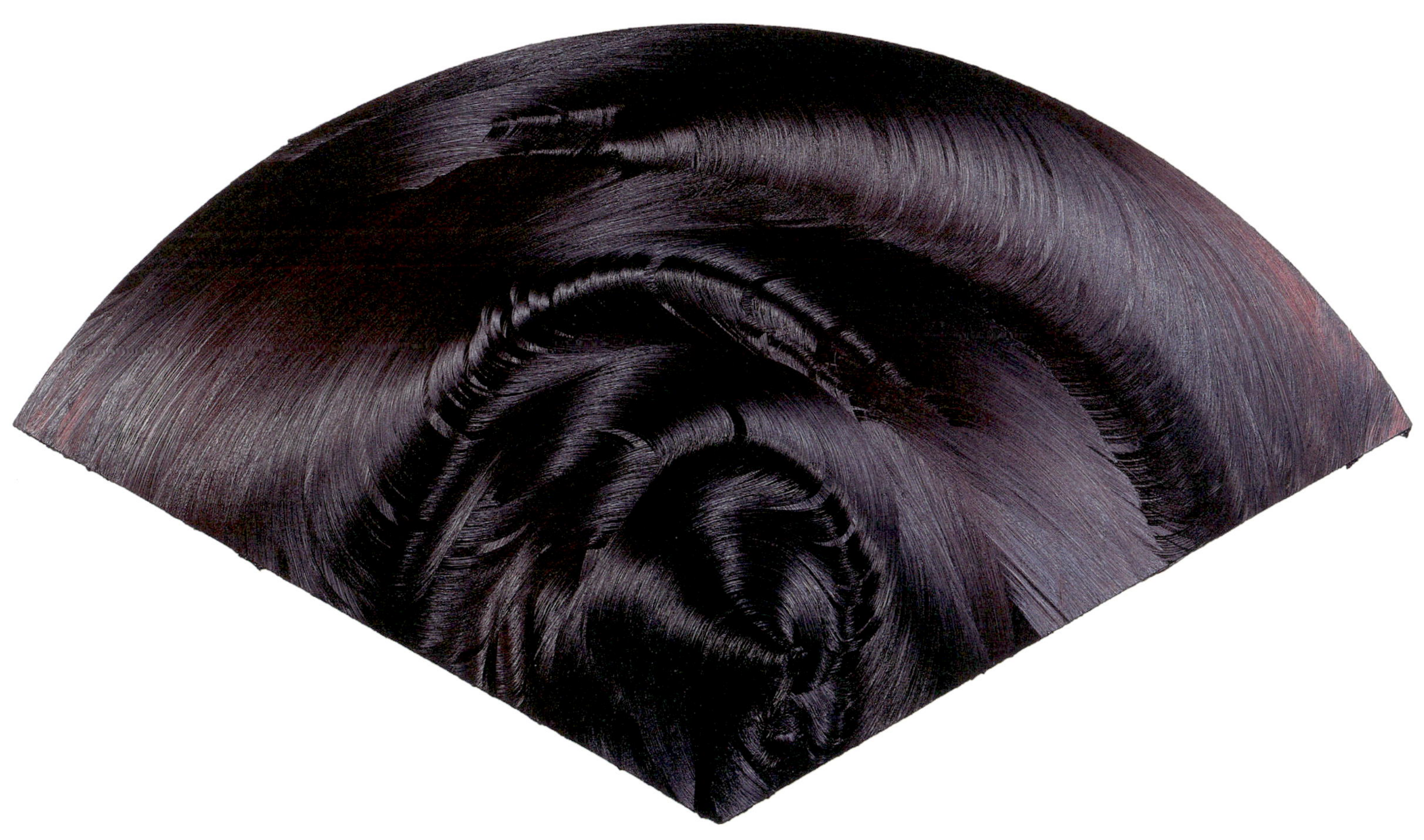

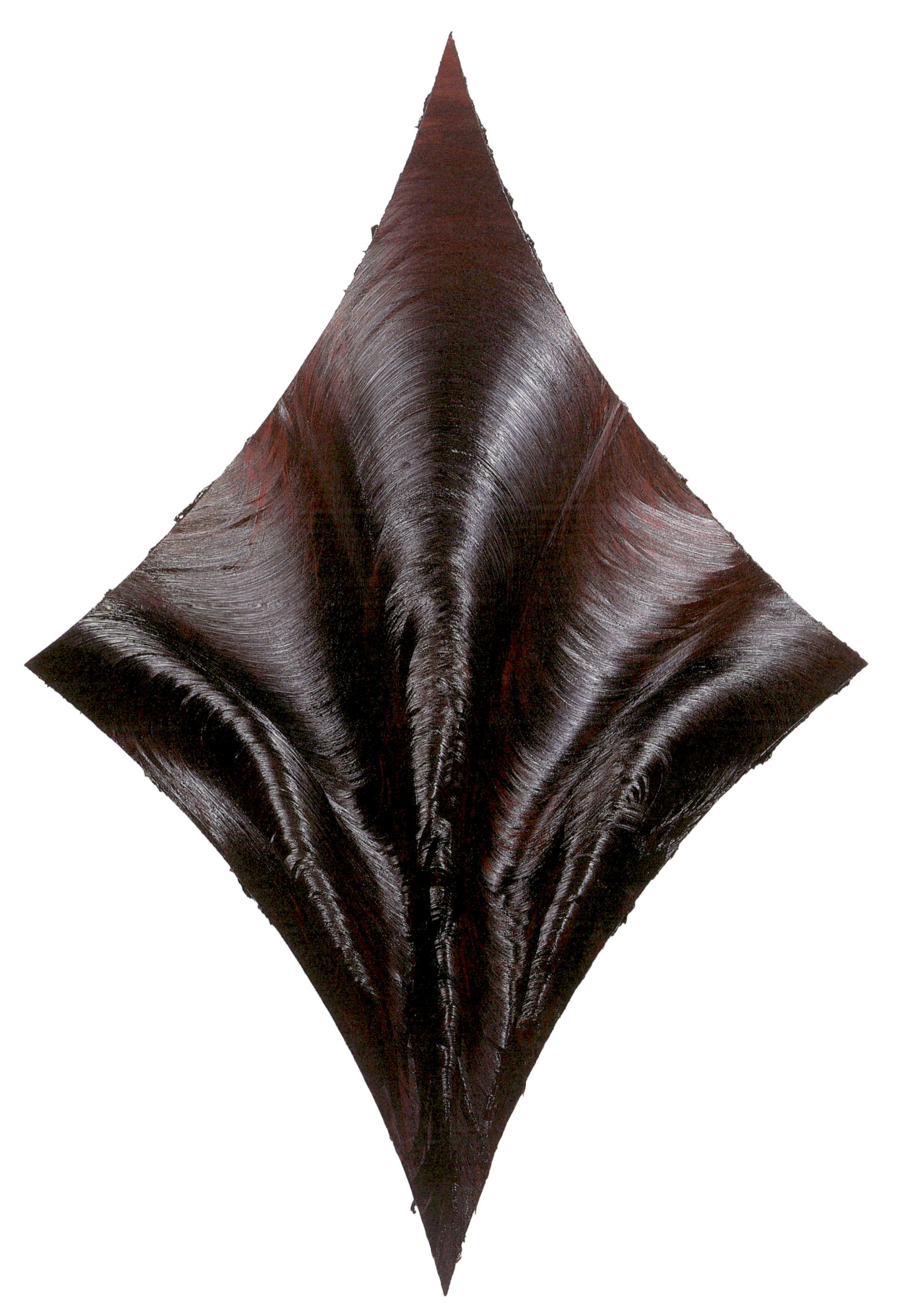

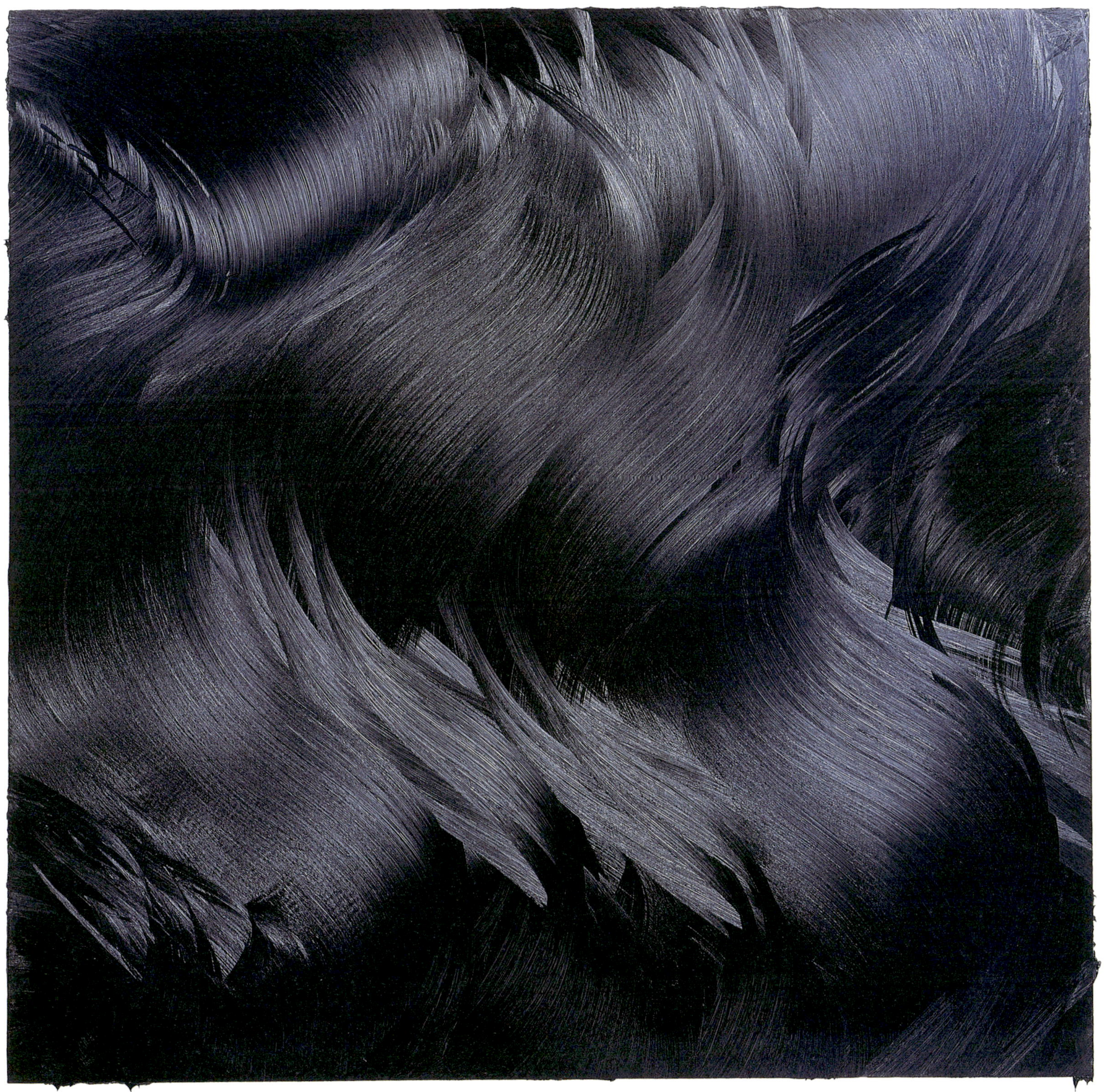

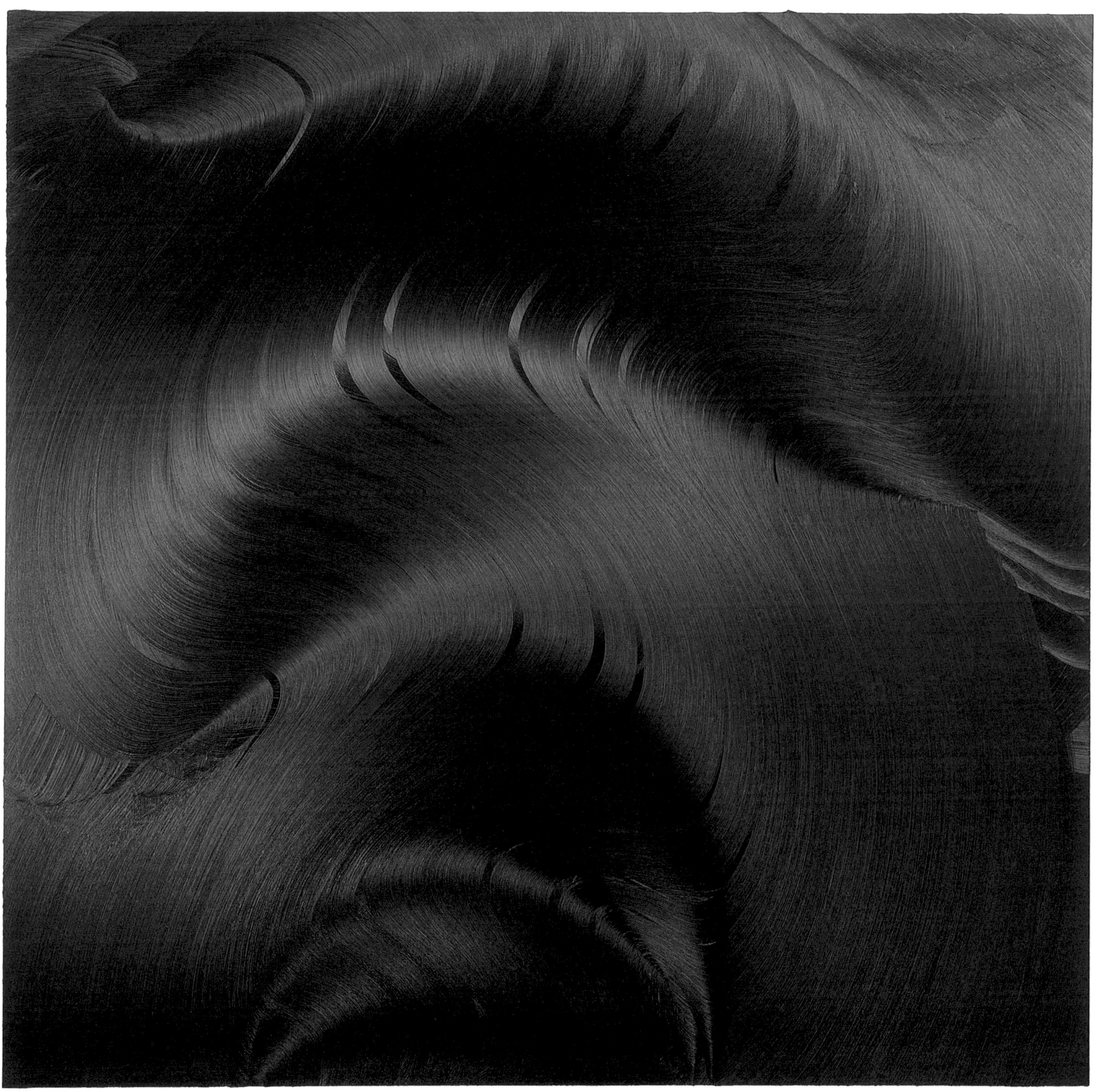

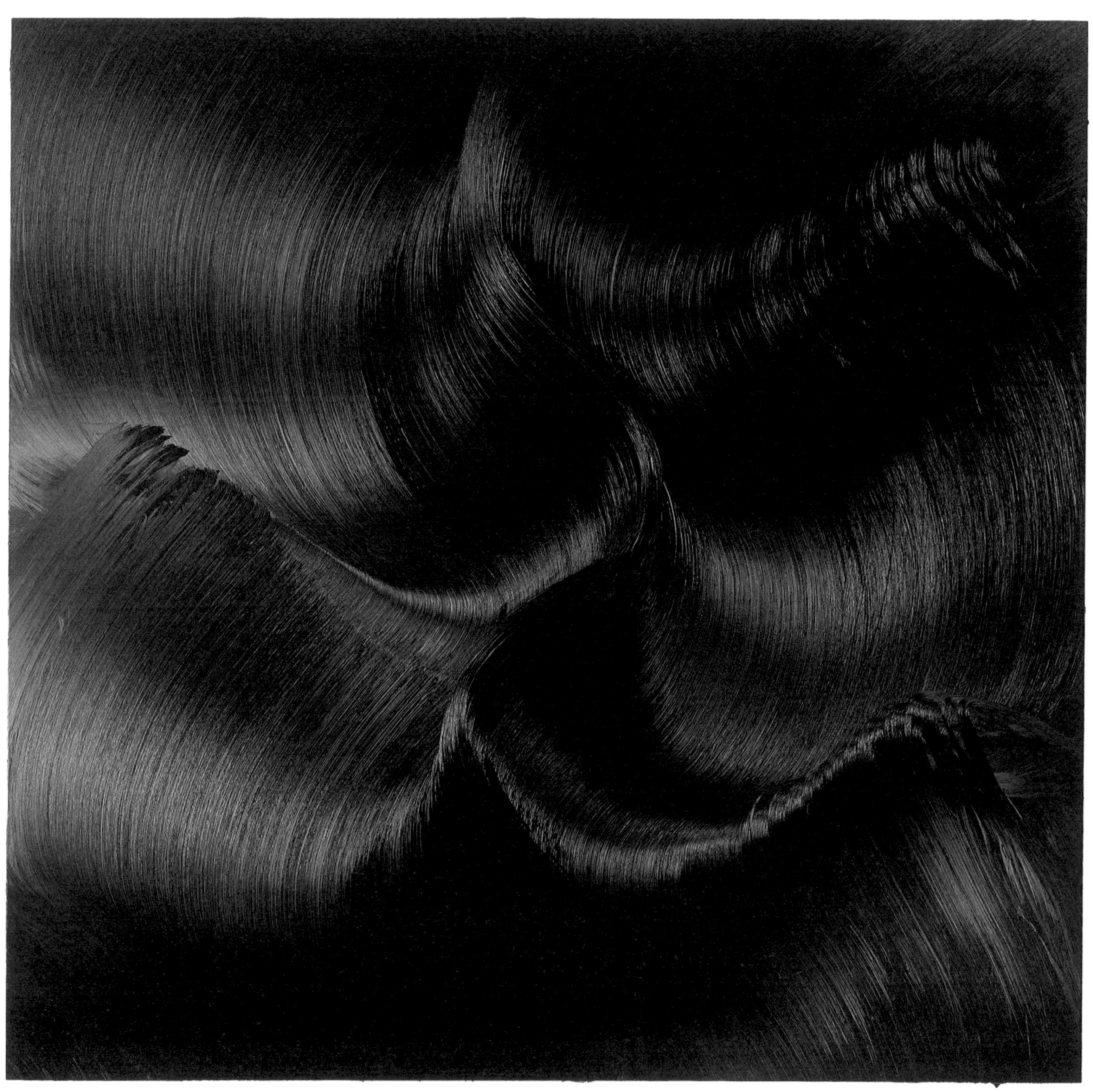

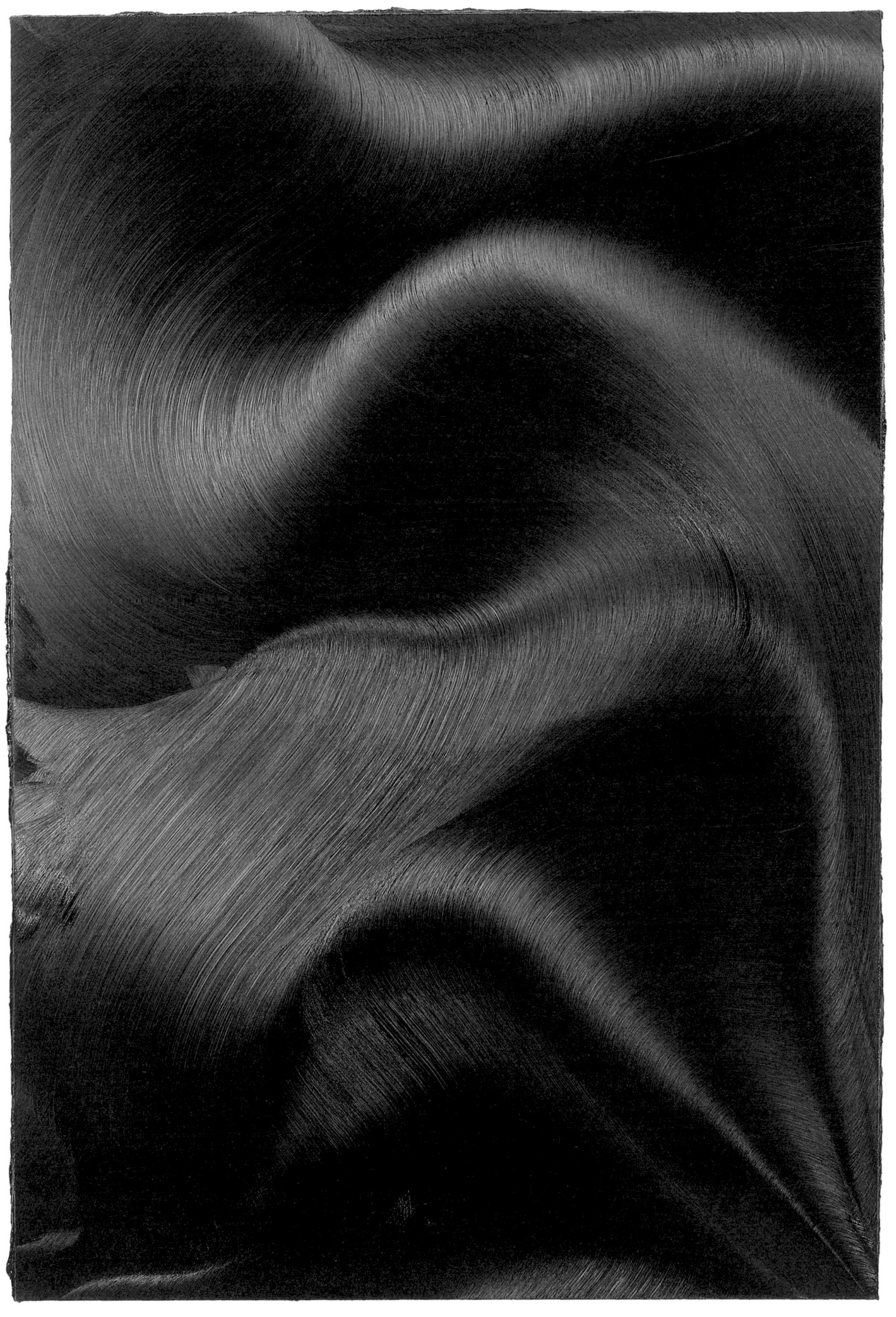

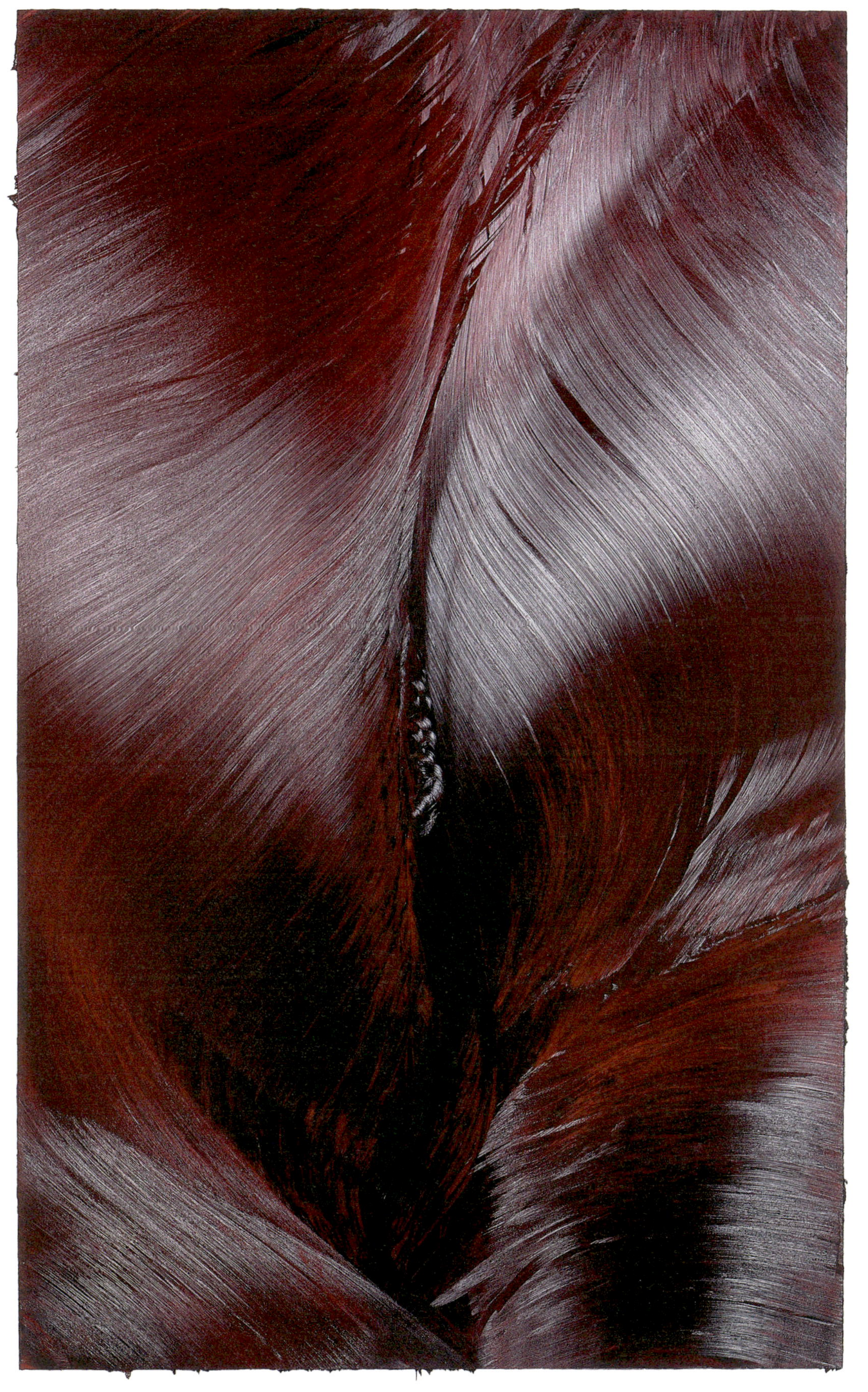

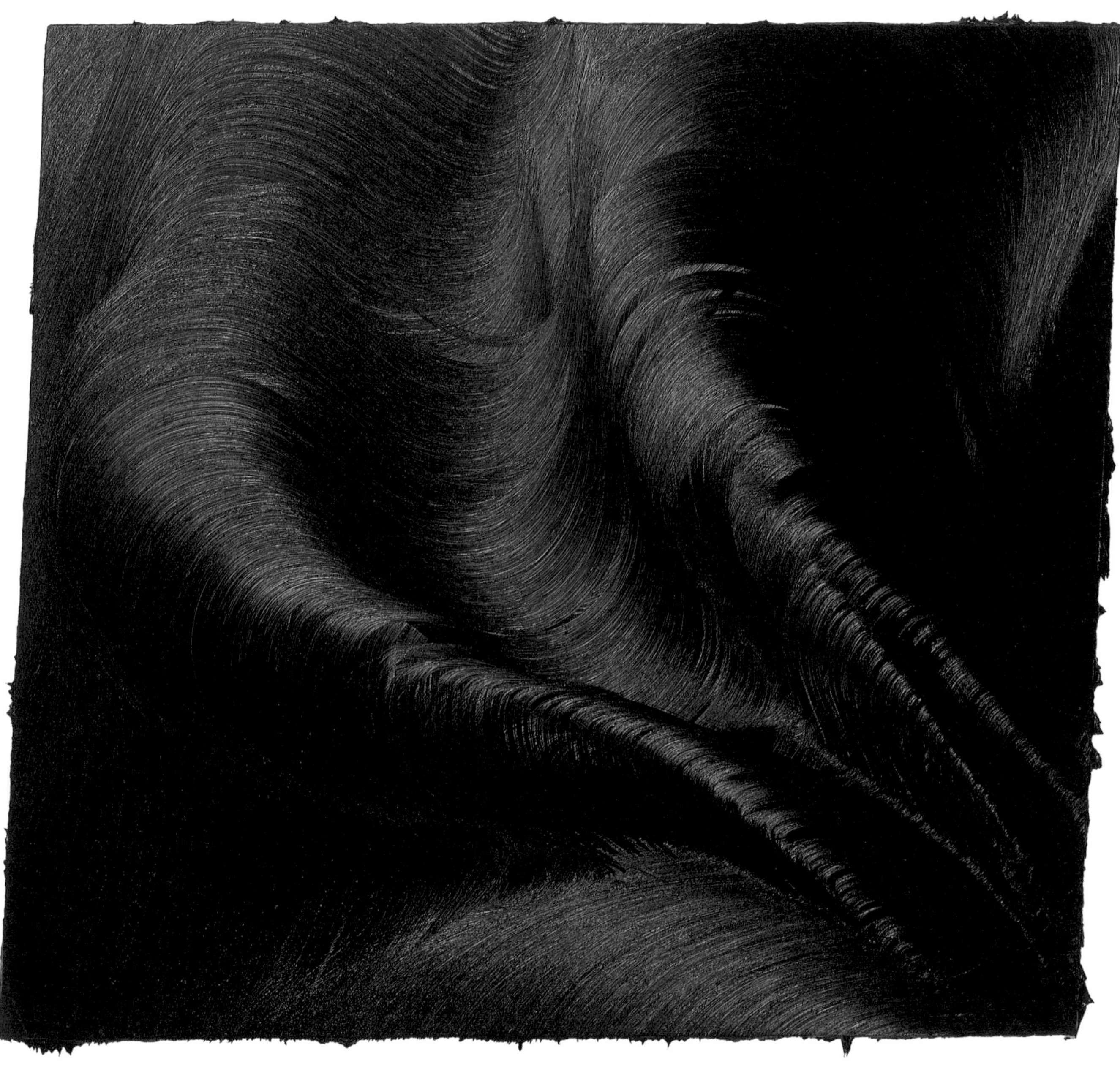

SHAKER 2007   OIL ON PANEL, 70 X 77 CM

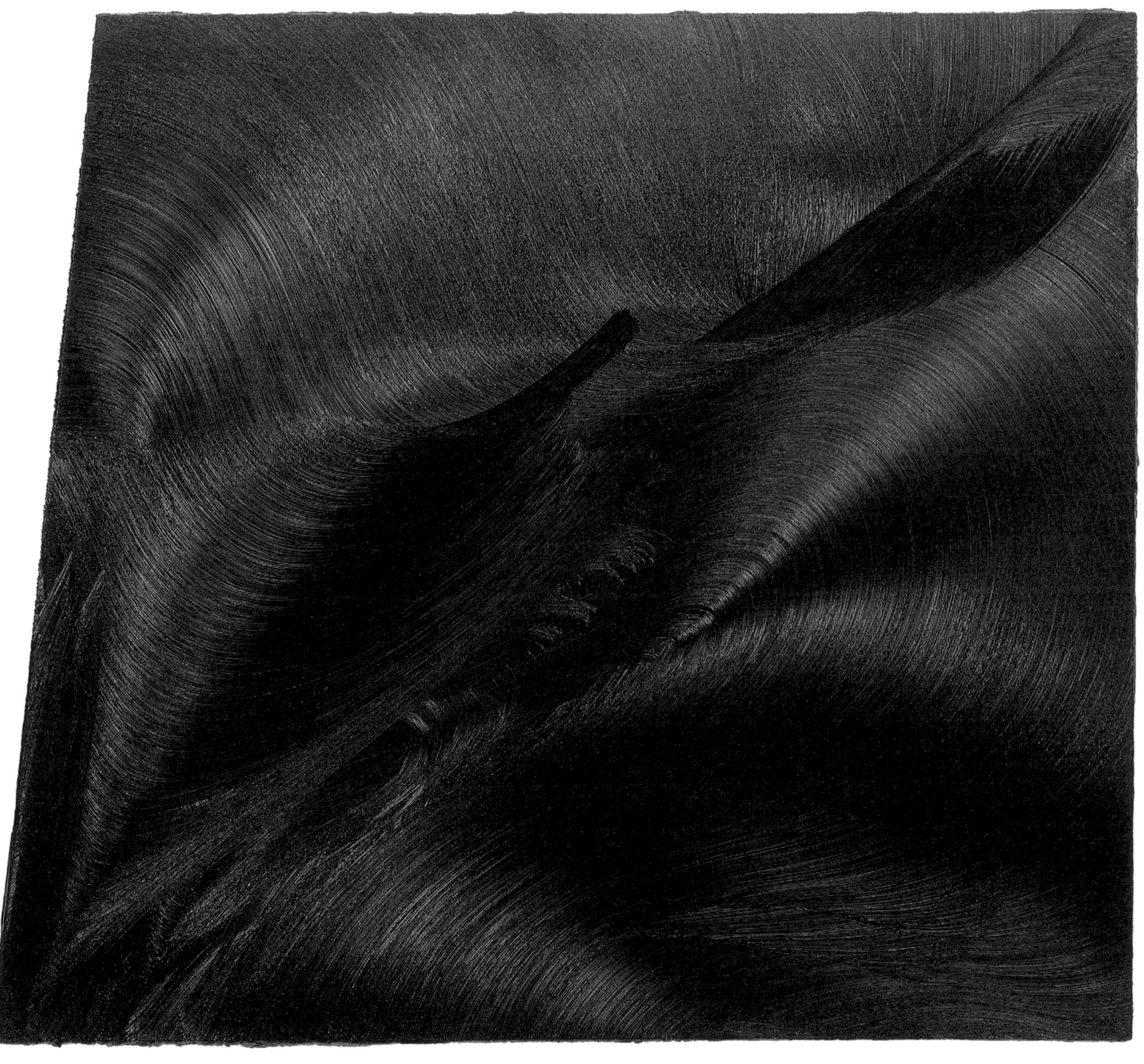

MYSTIC 2007   OIL ON PANEL, 70 X 77 CM

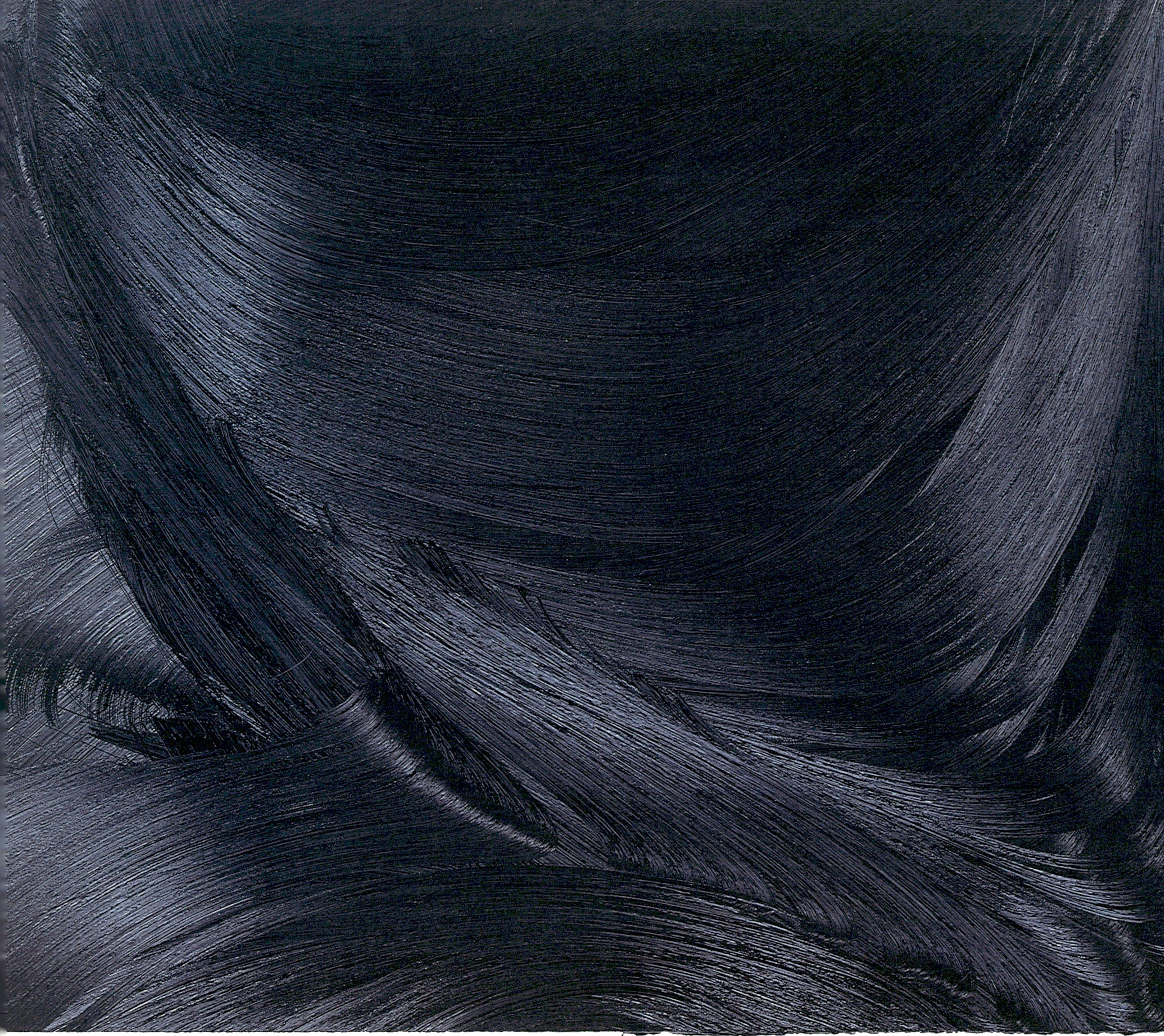

SHRINE 2007   OIL ON STAINLESS, 55 X 120 CM

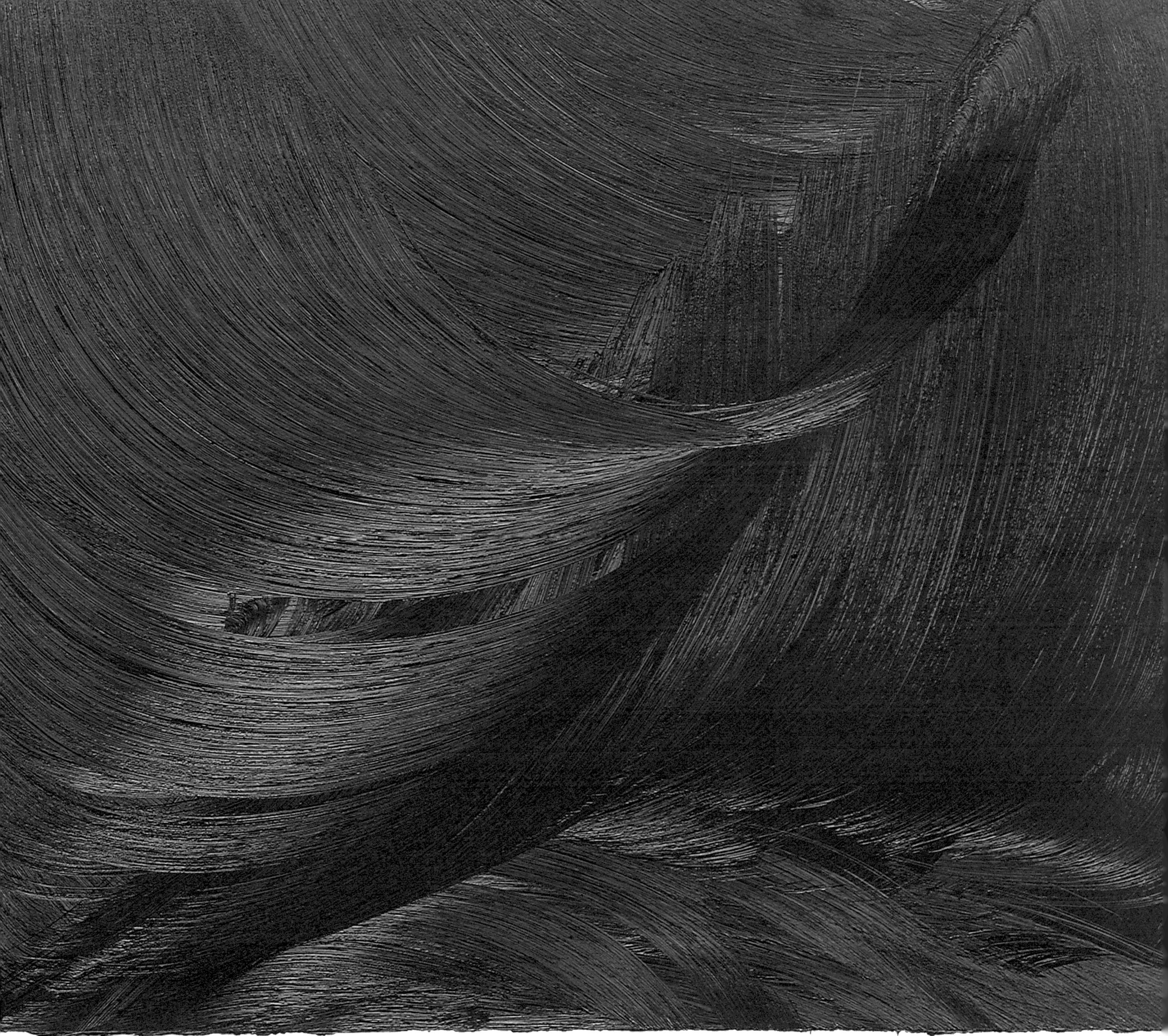

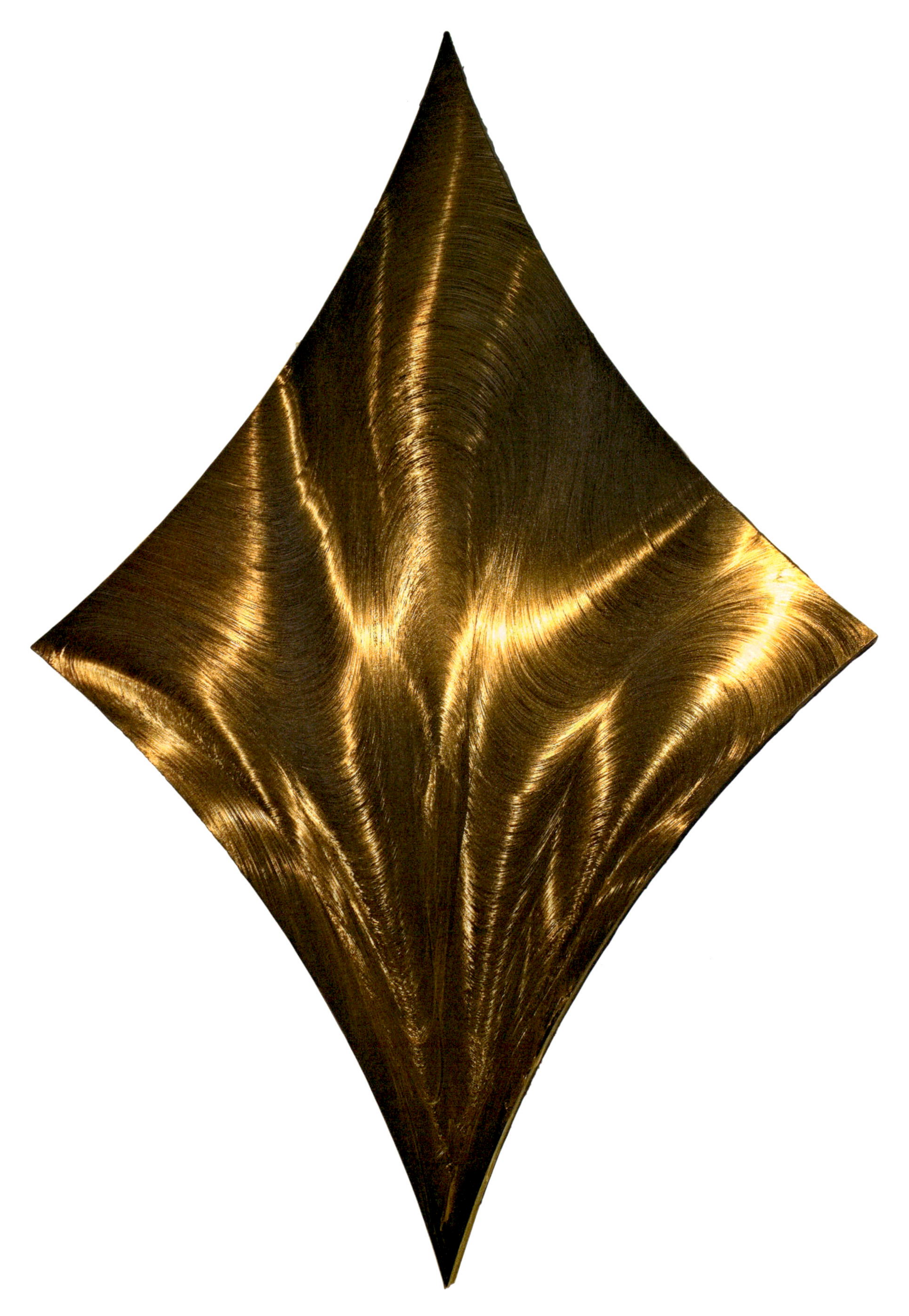

VORWORT

VON

MALTE CHRISTOPHER BOECKER, LL.M.
KUNSTVEREIN KREIS GÜTERSLOH

UND

BETTINA RUHRBERG
MÖNCHEHAUS MUSEUM GOSLAR

Das asiatische Denken ist von der Entstehung aller Dinge in gegenseitiger Abhängigkeit geprägt. Diese asiatische Sichtweise kann man auch in den Arbeiten Jason Martins finden. In Auseinandersetzung mit fernöstlicher Kalligraphie und dem amerikanischen Minimalismus sowie der Geschichte der monochromen Malerei ist über die Jahre ein Werk entstanden, in dem Gegensätze aufgehoben zu sein scheinen – stattdessen lotet Jason Martin den gemeinsamen Raum von Abstraktion und Figuration, von Malerei und Skulptur, von materiellen und ideellen Denkmustern aus. Wer sich auf die lichterfüllten, in fließender Bewegung erscheinenden Bildräume einlässt, kann sich einer meditativen, spirituellen Erfahrung annähern. Mit sparsamen Mitteln lässt der Künstler gekämmte, plastisch wirkende, Farboberflächen entstehen. Seine Bilder schaffen Verinnerlichung, bieten Anhaltspunkte für eine verbundene spirituelle und sinnliche Wahrnehmung. So eröffnet der Brite dem Betrachter Raum für das Erhabene, für Kontemplation, für Meditation, für das Transzendente – Begriffe, die zu den Grundlagen der Weltreligionen zählten,

bevor sie in der abstrakten Kunst des 20. Jahrhunderts eine neue, erweiterte Anwendung erfuhren.

Die Möglichkeit, im Zuge der Ausstellung *For Gods Sake* erstmals Gemälde für sakrale Räume schaffen zu können, hat Martin inspiriert, die spirituelle Dimension seines Werkes weiterzuentwickeln. Entstanden sind hoch verdichtete Arbeiten, die einen eindrucksvollen Blick über sein Schaffen erlauben. Die Veranstalter freuen sich, neben den monumentalen Gemälden erstmals auch Papierarbeiten des Künstlers präsentieren zu können, die im Übrigen vielfältige Bezüge zu den Öl- und Acrylwerken aufweisen.

Das für die Apostelkirche in Gütersloh geschaffene Altargemälde steht beispielhaft für Martins Verständnis vom offenen Kunstwerk. Ausgehend von einem vierspitzigen Kreuz und islamischer Ornamentik, hat Martin eine Rhombenform mit einem blutroten Farbauftrag entwickelt. Die geschwungenen Wellenlinien auf der Bildoberfläche bilden drei Bogenformen. Sie können als Hinweis auf

menschliche Proportionen gelesen werden. Das Rot als körperliche Opferfarbe und die himmelwärts gerichtete Grundbewegung erlauben eine christliche Lesart von Kruzifix, Trinität und Erlösung. Aber diese Anschauung ist keineswegs eindeutig. Vielmehr interessiert Jason Martin, wie gerade dieses Werk in anderen religiösen Kontexten gelesen und interpretiert werden würde.

Wir danken allen Beteiligten, die sich für die Realisierung dieses anspruchsvollen Projektes engagiert haben. Besonderer Dank gebührt Udo Kittelmann für das erhellende Interview mit dem Künstler und die kenntnisreiche Einführung in dessen Werk.

Dem Leser und Betrachter dieses Kataloges wünschen wir vielfältige Anregungen. Wir hoffen, mit unserer Ausstellung einen wesentlichen Beitrag zur öffentlichen Resonanz des eindrucksvollen Œuvres von Jason Martin zu leisten und vielleicht einen Beitrag zum interkulturellen, interreligiösen Dialog.

EVANGELIST 2007   GEL ON STAINLESS, 220 X 146 CM

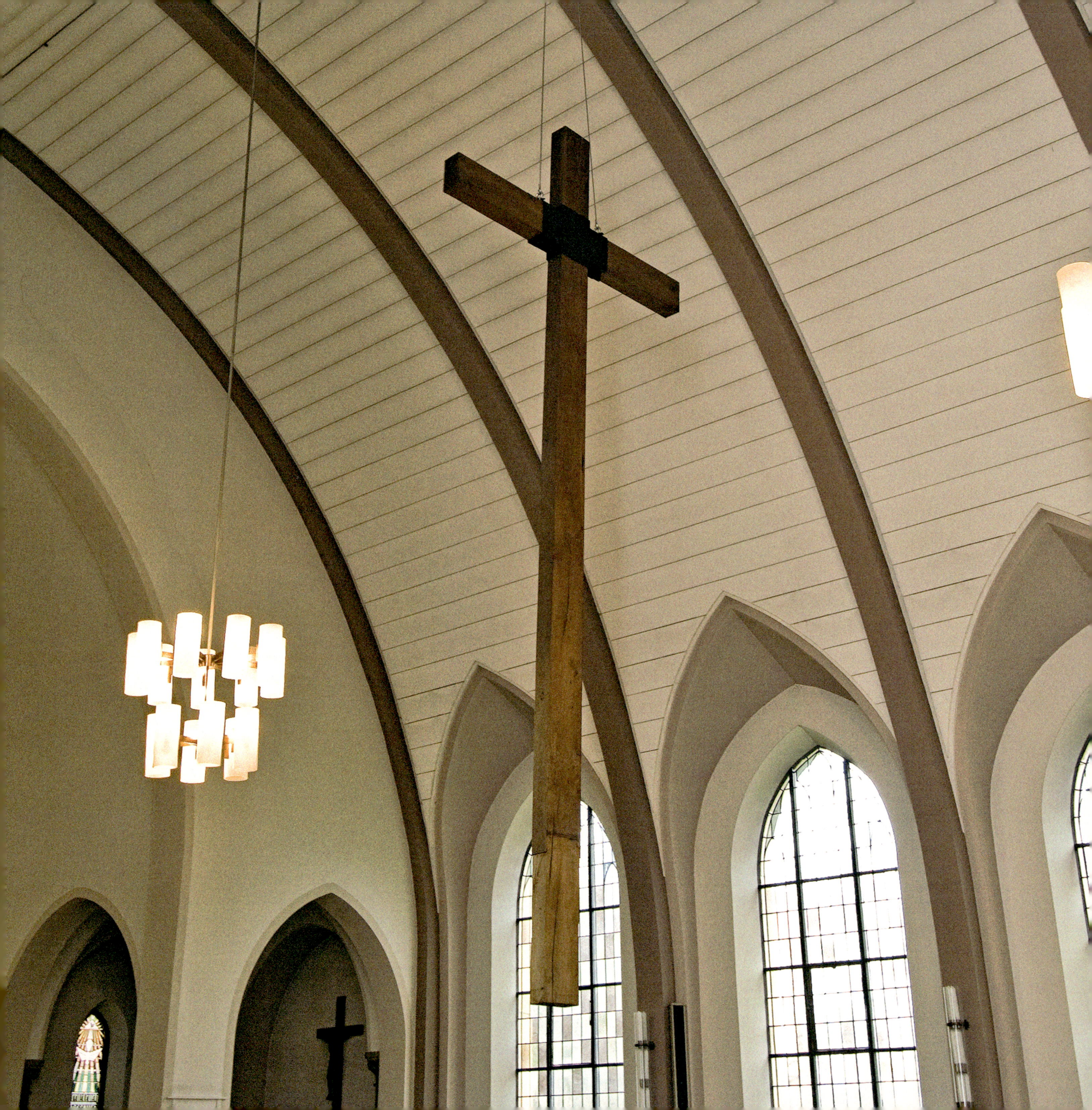

JASON MARTIN – EINE EINFÜHRUNG

VON UDO KITTELMANN

Jason Martin wurde erstmals im Rahmen der Ausstellung *Sensation* in der Royal Academy in London 1997 einem größeren Publikum bekannt. Seine Arbeiten waren also Teil einer Ausstellung, die vor allen Dingen eine Diskussion darüber schürte, an welcher Stelle künstlerischer Ausdruck moralische Werte oder Grenzen des »guten Geschmacks« zu respektieren habe. Diese Debatte dominierte die Rezeption der Ausstellung und gründete auf dem sensationellen und schockierenden Potential einiger der ausgestellten Arbeiten. Damit wurde der Blick auf eine der beiden im Ausstellungstitel angelegten Bedeutungsebenen gerichtet. Denn der englische Begriff »sensation« steht natürlich nicht nur für Aufsehen und Sensation. Sinneseindruck und Empfindung sind seine weiteren Bedeutungen. Auf dieser zweiten Ebene bewegen sich Jason Martins abstrakte Bilder. Sie spielen mit der möglichen Diskrepanz zwischen der Beschaffenheit eines Gegenstandes – genauer eines Bildes – und seiner Wirkung auf unsere Sinneswahrnehmung. Ohne mit figurativen Mitteln die Illusion eines Raumes hervorzurufen, irritieren Martins Bilder unsere räumliche Wahrnehmung. Seine mit Öl oder Acryl auf Aluminium, Edelstahl oder Plexiglas gemalten Arbeiten sind monochrom und – wie es in der Natur von Bildern liegt – zweidimensional. Doch wenn wir unserer Wahrnehmung trauen, werden diese Gewissheiten verunsichert. Im Zusammenspiel mit dem Licht, das sich auf der mit einem breiten Pinsel modulierten Farboberfläche bricht, entsteht ein Farbspiel und die Oberfläche erscheint plastisch. Die Kapazität von Martins Bildern entfaltet sich also häufig im Zusammenspiel von Licht, Raum und Betrachterstandpunkt und wechselt mit jeder Veränderung einer dieser Komponenten. Kaum ein Betrachter wird vor seinen Arbeiten ruhig stehen, sondern mittels der eigenen Bewegung im Raum die Oberfläche der Bilder, das heisst ihre Wirkung auf unser Auge, erkunden.

Wir können Jason Martins Werk also in den Kontext der radikalen Malerei stellen, insofern als sich die Arbeiten auf eine Untersuchung der ihr eigenen Mittel konzentrieren, auf Farbe und Fläche. Aber das Anliegen des Künstlers geht noch in eine andere Richtung. Die starke sensorische Qualität seiner Bilder gibt nicht nur Zeugnis von der Ausdruckskraft der malerischen Mittel. Es geht Martin auch darum, Deutungs- und Assoziationsmechanismen aufzuspüren und ihre Variablen zu untersuchen. Wie wird ein abstraktes Bild gelesen? Das monochrome Bild als Meditationsraum und Raum einer spirituellen Erfahrung ist ein wiederkehrender Topos in der Malereigeschichte des 20. Jahrhunderts. Er erfuhr alternativ eine östlich-spirituelle oder christlich-religiöse Ausrichtung. Auch Jason Martin beschäftigt sich wiederholt mit dem Bild als Gegenstand der Andacht und mit dem Bildraum als einem Andachtsraum, wie seine jüngste, für den Altarraum der Apostelkirche in Gütersloh gemalte Arbeit zeigt. Bildtitel wie »Pietá«, »Angel« oder »Isis« zeugen ebenfalls hiervon. Seine flüchtig wirkenden Tuschezeichnungen scheinen dagegen an östliche Bildtraditionen und Kalligraphien anzuknüpfen. Aber ein Unterschied ist entscheidend. Wie ich Jason Martins Bilder verstehe, geht es ihnen nicht – oder nicht nur – um die Evokation einer spirituellen Haltung. Ihr Anliegen ist konkreter, handfester. Es geht um die Frage nach den kulturell und Kontext bedingten Lesbarkeiten eines Bildes, das keine gegenständlichen Anhaltspunkte liefert. Welchen Dingbezug besitzen Form und Farbe auf der Basis bestimmter kultureller Konventionen und wie bedingen Sehgewohnheiten unsere Wahrnehmung von Bildern – auch von abstrakten? Wenn Jason Martin ein Bild in einem Altarraum ausstellt, so betritt er einen Kontext, dessen Kunst normalerweise figurativ ist. Sie bildet ab und erzählt Geschichten, vor allem vom Martyrium Christi. In dieses Umfeld gestellt, verändert sich der Bedeutungs- und Deutungsraum eines abstrakten Bildes. Es wird von diesem Kontext auf andere Weise beeinflusst, als durch einen White Cube oder beispielsweise eine Moschee. Damit stellt der Künstler auch die Frage, inwiefern solche Veränderungen als Bereicherung oder Einschränkung zu sehen sind und wann wir von einer »neutralen« Rezeption ausgehen können.

»Der im Gegenständlichen befangene Mensch«, so schrieb Malewitsch 1922 in seiner Schrift *Suprematismus – Die gegenstandslose Welt*, »kann [...] niemals schöpferisch sein […] Der wahrhaft schöpferische Mensch ist frei« – frei vom Gegenständlichen. Was Malewitsch hier im Hinblick auf den Künstler formuliert, scheinen Martins Arbeiten also mit Blick auf den Rezipienten zu untersuchen. Wo hören der Dingbezug und die Körperlichkeit auf? Wo ist der Betrachter frei von vorgegebenen Vorstellungen und Assoziationen? Wo beginnt – auf der Ebene der Betrachtung – die reine Abstraktion? Die Antwort, die Martins Bilder auf diese Frage geben, ist nur im Prozess ihrer Betrachtung herauszufinden. Die reine Abstraktion im Sinne einer abwesenden physischen Präsenz, die Absenz einer körperlichen Konkretheit, wird man in ihnen nicht finden. Doch dies – so zeigen die Bilder zugleich – ist keine Einschränkung der Freiheit künstlerischen Ausdrucks, sondern ihr höchstes Potential. »Ich glaube, dass es wesentlich für das Verständnis von Malerei ist, zu begreifen, dass sie Figuration und Abstraktion in sich vereint«, wie Jason Martin im nachfolgenden Interview bekräftigt.

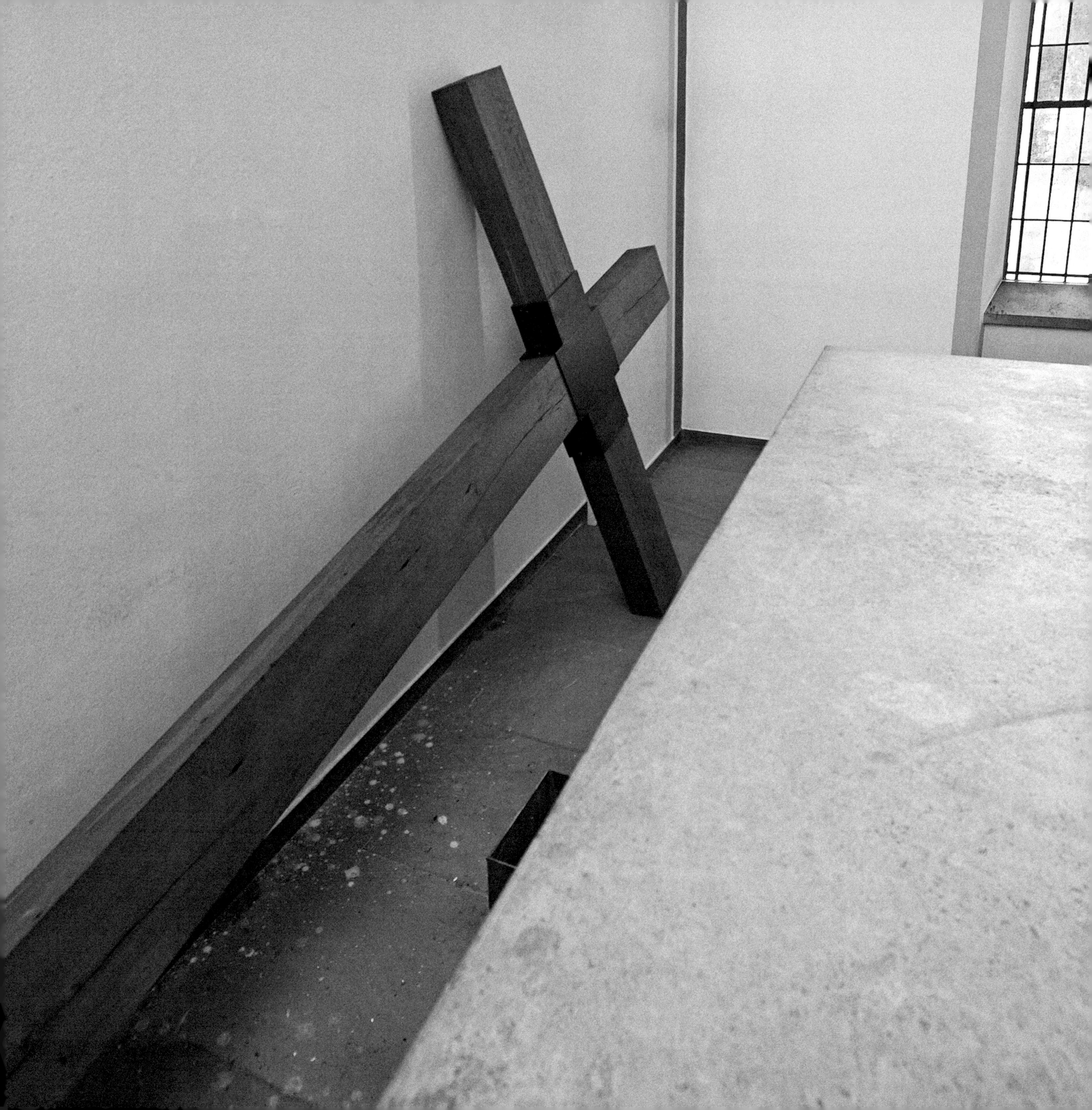

INTERVIEW UDO KITTELMANN UND JASON MARTIN

August 2007, Atelier London/Teddington

Wenn man Dich bitten würde, ein Porträt der Queen zu malen, wie würdest Du das machen?
(lacht) Naja, ich habe bereits ein Bild mit dem Titel »Queenie« gemacht, allerdings nicht gerade ein Porträt im herkömmlichen Sinne…

Du malst abstrakt, daher habe ich Dir diese Frage gestellt. Ich glaube, dass es heutzutage außerordentlich schwierig ist als Künstler abstrakt zu arbeiten – insbesondere seit den Sechzigern. Ist denn über die abstrakte Malerei nicht schon alles gesagt? Darum würde ich gerne wissen, wie es dazu kam, dass Du Dich so sehr für das Nichtgegenständliche interessierst?
Die erste und wichtigste Erfahrung, die mein Interesse an der Abstraktion als Gegensatz zum Figurativen begründete, war ein Besuch der Waddington Gallery in London. Es war 1987 und ich ging noch zur Schule. Dort sah ich ein Bild von Franz Kline. Ich kannte seine Bilder zuvor lediglich von Abbildungen. In jenem Moment habe ich begriffen, dass meine eigenen Interessen mit dieser Arbeit sehr viel gemeinsam hatten. Das Bild hatte etwas Direktes und Dramatisches, es war voller Leben, jedoch sehr ökonomisch und unmittelbar in seiner Wirkung. Gegenüber von Franz Kline hing ein Julian Schnabel. Bei der Arbeit von Schnabel handelte es sich um ein einfaches auf Samt gemaltes Bild. Es bestand aus vielleicht drei Elementen: Da gab es eine biomorphe Form, eine Art verspritzten Klecks und eine Kratzspur. Und das war alles. Für mich besaß es die wesentlichen Aspekte dessen, was Malerei sein kann, ohne den irreführenden Weg über die Figuration nehmen zu müssen. Der ganze Gehalt des Bildes schien einfach da zu sein. Es war nicht weniger real als irgendein gegenständliches Bild, das ich gesehen hatte. Vielleicht sogar realer, unmittelbarer und ergreifender. Die Bilder von Kline und Schnabel waren in positivem Sinne spannungsvoll und emotional bewegender als jede figurative Darstellung, der ich bislang begegnet war. Ich erkannte, dass mein Interesse der sogenannten

nichtgegenständlichen Malerei galt. Es wurde mir klar, dass ich mich durch die Abstraktion in der Malerei einer größeren Herausforderung stellen konnte. Ich dachte, die Figuration sei gewissermaßen ein Mittel, um ein bestimmtes Ziel zu erreichen und wenn ich ohne dieses Mittel auskommen könnte, würde ich ein reineres Verständnis von Malerei erreichen und eine reinere Form meiner künstlerischen Praxis. Dennoch gibt es in meiner Arbeit immer auch ein figuratives Element. Die aufregendste Form der Abstraktion destilliert auf gewisse Weise das Figurative. Ich glaube, dass es wesentlich für das Verständnis von Malerei ist, zu begreifen, dass sie Figuration und Abstraktion in sich vereint. An dem Tag, an dem ich die Arbeit von Julian Schnabel gesehen habe, erkannte ich, dass es eine Herausforderung ist, ein Gleichgewicht zwischen beidem herzustellen. Wenn er einen guten Tag hat – und glücklicherweise habe ich ihn an einem solchen erwischt – gelingt ihm tatsächlich diese Ausgewogenheit zwischen Figuration und Abstraktion oder einem Innenraum und einem gemalten Raum, einem Bild und einer Bühne.
Hinsichtlich meiner eigenen Arbeit glaube ich, dass man sie als in sich ruhende Einheiten betrachten sollte. Diese Bilder haben ein Innenleben. Ich versuche genau jenen Moment festzuhalten und zu bewahren, in dem ich bei meiner Arbeit im Atelier merke, dass sie beginnen, ihre Wirkung zu entfalten. Dieses Innenleben verleiht ihnen etwas Körperliches, sie wirken dadurch weniger abstrakt und neutral.

Hast Du einen Plan, bevor Du beginnst, die Farbe auf die Oberfläche aufzutragen? Eine genaue Vorstellung, welche Farbe Du nehmen wirst?
Ja – ich habe eine Vorstellung des Volumens der entsprechenden Farben vor meinem inneren Auge. Bevor ich beginne, auf der Fläche zu arbeiten, treffe ich eine Entscheidung hinsichtlich des Bildträgers und des Formats. Bei der Farbe interessiert mich ihre strukturelle und nicht

ihre dekorative Qualität, wesentlicher als die Klarheit ihres Farbtons ist es für mich, wie sie sich zwischen den Fingern anfühlt. Viele meiner Arbeiten erscheinen nur monochrom.

Ja, es ist im Hinblick auf Deine Arbeiten interessant über monochrome Malerei zu reden, denn sie sind im herkömmlichen Sinne nicht wirklich einfarbig.
Nein, ganz und gar nicht. Ich versuche die Wärme des Figurativen mit der akademischen Strenge der Abstraktion zu verschmelzen. Ich hoffe dabei, dass die Räume, die ich mit meiner Arbeit schaffe, die traditionellen Vorstellungen monochromer Malerei untergraben.

**Ja, ich verstehe genau, was Du meinst. Da wir über Figuration und Abstraktion und die Rolle der Farbe sprechen, kommt mir eine nette kleine Anekdote in den Sinn, die sich kürzlich in unserem Museum zugetragen hat. Vor einigen Monaten haben wir eine neue Aufsicht eingestellt. Eine Frau. Es ist das erste Mal, dass sie in einem Museum arbeitet und sie hatte mit Kunst bislang nicht viel zu tun. Sie beaufsichtigt einen Raum mit einer Arbeit von Stella von 1964 mit blauen und gelben Streifen. Der Titel des Bildes ist »Rabat«. Ich fragte die Frau, ob sie die Arbeit möge und sie antwortete: »Nein, überhaupt nicht. Ich habe zuhause einige Bilder, aber die sind ganz anders. Ich mag diese Art von abstrakten Bildern nicht.« Da ich wusste, dass sie aus Marokko kommt und in Rabat geboren ist, sagte ich: »Schauen Sie mal den Titel an!« und ging weg. Zwei oder drei Tage später traf ich sie wieder und fragte sie, was sie nun über das Bild denke. »Oh, jetzt kann ich mir vorstellen, welche Idee sich hinter dem Bild verbirgt. Es sind die Farben von Rabat«, war ihre Antwort. Das ist doch großartig, oder? Manchmal ist es einfach, Menschen die Kunst nahe zu bringen, auch die abstrakte.
Aber hinsichtlich des Verhältnisses von Abstraktion und Figuration – oder Darstellung –, scheint der Titel**

eine gewisse Relevanz zu besitzen. Du gibst den meisten Deiner Arbeiten einen Titel. Hast Du bereits ein Thema oder sogar den Titel im Kopf, wenn Du zu malen beginnst?

Nein, ich warte immer bis die Bedeutung der Arbeit sich im Malprozess offenbart. Bis ich eine emotionale Reise gemacht habe. Das kann eine kurze und sehr intensive Reise sein oder eine lange, die viele, viele Stunden dauert. Ich erkläre den Leuten immer, dass es harte Arbeit ist, die Dinge einfach aussehen zu lassen, und dass gute Ergebnisse so aussehen sollten, als seien sie mühelos entstanden. Das Auge bleibt sofort am Makel hängen. Malerei soll nach Möglichkeit unkompliziert wirken, obwohl sie weit davon entfernt ist. Ein Titel ist ein Mittel, um eine Arbeit abzuschließen und diese Vollendung zu unterstützen. Der Weg dahin muss poetisch sein und der Titel darf niemals wörtlich verstanden werden und nur gelegentlich sollte er beschreibend sein.

Als ich durch einen Deiner Kataloge blätterte, stieß ich auf ein Bild mit dem Titel »Atheist«. Ich dachte: »Du meine Güte, wie kann man einer abstrakten Arbeit den Titel ›Atheist‹ geben?« Wie war der Verlauf Deiner Reise durch dieses Bild? Wo hat sie ihren Anfang genommen und wie bist Du zu dem Schluss gekommen, der Arbeit diesen Titel zu geben?

Form, Farbe und Komposition sind Werkzeuge, mit denen sich Gedanken und Vorstellungen entwickeln lassen. Sie suggerieren bestimmte Ideen, die im Malprozess spontan entstehen. »Atheist« wirkte am Ende so entschlossen und konkret und blieb mir andererseits jedoch auch ein Rätsel, da ihm alles Spirituelle abhanden gekommen zu sein schien. Das verlieh der Arbeit eine Strenge, die kompromisslos und erbarmungslos war, sie konnte durchaus mit meinen spirituellsten oder pseudo-spirituellen Arbeiten konkurrieren, die ich zuvor gemacht hatte. Für mich war die Arbeit ein Anti-Bild oder eine antispirituelle Arbeit.

Das heißt, wenn Du ein Bild malst, gehst Du eine sehr starke Beziehung mit ihm ein?

Ja – und der Titel muss Assoziationen hervorrufen. Er sollte uns in Form einer poetischen Andeutung etwas über die Arbeit mitteilen. Was ist die poetische Geschichte des Bildes? Welche Eigenschaften und welchen Charakter hat eine Arbeit? Die Arbeiten aus diesem Katalog beziehen sich in unterschiedlicher Weise auf Themen, die Bestandteil einer westlich-religiösen Erzählung, eines östlich-rituellen Kontextes oder der Kalligraphie sind. Die Symbolik und Bezüge, die seit Jahrhunderten in der christlich-religiösen Malerei zu finden sind, beschäftigen sich mit den Genres des Stilllebens und der Landschaftsmalerei. Ich möchte den Rahmen möglicher Bezüge über die Figur und die vielen Interpretationen von Jesus am Kreuz hinaus erweitern. Ich glaube, dass das Geheimnis der Malerei es uns ermöglicht, eine Vielzahl von Situationen, Erinnerungen, Gefühle in einem unendlichen Fluss zu betrachten, einfach nur durch die Art und Weise, wie die Farbe auf der Oberfläche bewegt wird. Man hat vielleicht bestimmte Annahmen, was das Bild bewirken soll, aber es wird einen höchstwahrscheinlich an einen ganz anderen Ort versetzen. Man muss lernen, Überlegung mit Unbekümmertheit zu verbinden.

Im gleichen Katalog, in dem ich »Atheist« gesehen habe, gibt es eine andere Arbeit mit dem Titel: »Praying to Mecca«. Sie ist gelb und ich glaube, sie muss auch gelb sein. Die Farbe, die ich mit Arabien assoziiere, ist Gelb. Es ist nicht Schwarz, nur weil dies die Farbe der Kaaba ist. Ich finde, es ist ein sehr optimistisches Bild.

Ja, ich habe dieses Bild im Jahr 2000 gemalt und in den USA gezeigt. Bei »Praying to Mecca« hatte ich das Gefühl, dass das Bild eine absolute und sehr spezifisch ausgerichtete Geometrie besitzt. Die gezeichneten Elemente, die die Komposition und die nicht sehr räumliche Wirkung des Gelb untermauern, verleihen dem Bild den Charakter eines Zeichens, eines Tores oder gar einer Schwelle.

Ich finde es sehr interessant, dass Du Dich mit religiösen Themen beschäftigst. Was bedeutet es, an Gott zu glauben? An Gott zu glauben, heißt doch, ein sehr hohes Abstraktionsvermögen zu besitzen, oder? Es ist eine Frage – ich weiß es nicht.

Gott ist eine konstruktive Möglichkeit, dem was wir nicht wissen, eine Identität zu geben. Ich glaube nicht an die übliche Vorstellung von Gott, als eines gütigen und allmächtigen Wesens oder einer Ganzheit. Meine Vorstellung von Gott ist eher naturbezogen und bezieht sich auf das Erhabene. Dennoch würde ich mich als genauso spirituell betrachten wie jeden religiösen Menschen, der mir bisher begegnet ist. Mein Glaube – und ich denke, dies ist für den »Gläubigen« normal – kommt in erster Linie aus mir selbst. Vertrauen zu haben in die Möglichkeiten dessen, wer oder was man ist, definiert eine Person. Meine Entschlossenheit erlange ich nicht durch Gewissheit, eher durch die zurückgezogene alltägliche Arbeit in meinem Atelier, durch eine auf kleiner Flamme brennende persönliche Vision und einen kontinuierlichen Einsatz, wie das allmähliche Umpflügen eines sehr großen Feldes. Ich glaube, jeder findet zu einer eigenen Interpretation von Gott. Daher ist die Titelgebung dieses Katalogs und der Ausstellungen in Gütersloh und Goslar wichtig, denn es gibt viele Götter. »Gods« ist im Titel ganz bewusst nicht als Singular zu lesen.

Wie lautet der komplette Titel also nun?

»FOR GODS SAKE«! *Wie* man diese Worte liest, sagt etwas über die eigene Position aus: Ist es ein Ausruf, ein Fluch, die Antwort auf eine Frage oder schlichtweg eine Feststellung?

Lass uns noch etwas bei diesem gegenwärtigen Projekt bleiben und über die bereits angesprochene Arbeit für die Apostelkirche in Gütersloh sprechen.

Ja, es handelt sich hier um ein Bild, dass die Form eines geschwungenen Rhombus besitzt. Ich hatte vor einiger Zeit zwei Arbeiten gemacht, die von dem romantischen, deutschen Maler Franz Pforr und seiner Arbeit »Sulamith und Maria« von 1811 inspiriert waren. Die beiden Bilder mit den Titeln »Pieta« and »Peak« gingen nach Brasilien und in den Libanon. Beirut wurde letztes Jahr in großen Teilen zerstört und liegt in Trümmern. Es hat mich gefreut, dass »Peak« seinen Weg dorthin fand. Die Tatsache, dass die Arbeiten in ein muslimisches und ein katholisches Land gingen, verdeutlichte mir, dass sie für verschiedene Menschen, die nun mit den Bildern leben und sie sehen, in ihrem spirituellen Potential etwas sehr Unterschiedliches bedeuten können. Im Islam und Christentum hat der Bogen jeweils eine ganz andere architektonische Bedeutung.

Ausgelöst hiervon, begann ich darüber nachzudenken, wie ich das Kreuz verändern könnte, damit es einer geschwungenen Rhombusform ähnelt und umgekehrt. Ich habe mir daraufhin häufig wiederkehrende Details der islamischen Architektur angeschaut – daher der geschwungene Rhombus –, aber ich wollte im Wesentlichen auch ein Kreuz machen. Die Idee, diese beiden unterschiedlichen Formen zu benutzen, fand ich zunehmend interessant. Ob für einen Muslimen oder Christen, Mann oder Frau, die Abstraktion hat die Möglichkeit symbolisch und zeichenhaft zu wirken. Menschen zweier verschiedener Glaubensgemeinschaften gehen jeweils in ein Haus zum Beten, ob es nun eine Kirche oder eine Moschee ist, und sie beziehen aus einem Bild, das gegensätzliche oder verschiedene spirituelle Identitäten in sich vereint, einen eigenen Bedeutungsgehalt.

Es kann gut sein, dass die Unterstützung, die ich von der Kirche in Gütersloh für mein Vorhaben bekam, daher rührt, dass man sehen konnte, dass das Bild für sich steht, eine eigene Körperlichkeit entwickelt, es ist keine Darstellung und es ist auch nicht das Ergebnis einer zunehmenden Abstraktion, einer Wegbewegung vom Objekt, vom Körper. Es kommt aus der entgegengesetzten Richtung, es beginnt bei der Abstraktion und wird durch Abstraktion körperlich. Es wird als eigener Körper wahrnehmbar, es entwickelt für sich selbst eine Aussage und existiert auf eigenständige Weise.

Ja, das ist ein interessanter Gedanke. Du sprichst hier über zwei unterschiedliche sakrale Orte. Beide sind das völlige Gegenteil eines White Cube oder eines musealen Ausstellungsraums. Aber alle verfügen über eine bestimmte Aura und es ist diese Aura, die den Betrachter eine gewisse Distanz zum Bild einhalten lässt. Das ist nicht zwangsläufig positiv. Ich finde es eigentlich wichtig, den Betrachter nahe an das Bild heranzubringen. Vor einiger Zeit habe ich gehört, dass Barnett Newman gerne wollte, dass das Publikum so dicht wie möglich an seine Arbeiten herankam, das gefiel ihm. Natürlich entwickeln sich in zwei Metern Entfernung nicht die gleichen Emotionen wie aus großer Nähe, aber im Allgemeinen wird der Betrachter auf Distanz gehalten. Ein Newman, oder sagen wir nicht alle Newmans, aber der typische Newman entfaltet aus allernächster Nähe seine beste Wirkung. Bei Deinen Arbeiten ist das anders. Deine Arbeiten entwickeln aus der Distanz eine ganz andere Wirkung – aber sie funktionieren. Als ich jedoch vor einigen Minuten Dein Atelier betrat, war es mir wichtig, sehr nahe an die Bilder heranzutreten. Man interessiert sich für die Oberfläche. Ich wollte sie aus allen Richtungen anschauen und sehen wie sich das Licht auf der strukturellen Beschaffenheit des Bildes bricht und schließlich hätte ich gerne mit der Hand darüber gestrichen und das sinnliche Erlebnis durch die Berührung abgerundet.

Ja, ohne die Berührung ist die sinnliche Erfahrung nicht vollständig. Wenn ich ein antikes Ornament sehe, möchte ich es berühren. Aber man hat Bedenken, dass man es beschädigt. Die Bilder, die ich mache, haben eine gewisse taktile Qualität, denn ich mag die Vorstellung, dass sie den Betrachter auf ähnliche Weise einnehmen, wie eine Skulptur. Sie sind nicht flach, sondern verlangen von verschiedenen Positionen aus betrachtet zu werden. Ich will unbedingt, dass meine Bilder wie Skulpturen erlebt werden können; durch die Bewegung entdeckt man Unterschiede, es gibt keinen Fixpunkt, der wichtiger wäre als ein anderer. Die Oberfläche hilft die Form zu entwickeln.

Wir haben darüber gesprochen, was einem sakralen Raum und einem Museumsraum gemeinsam ist, dass sie nämlich den Betrachter durch eine gewisse ehrfurchtsgebietende Aura auf Distanz halten. Aber offensichtlich ist diese Form von Aura, die beide Räume besitzen, eine jeweils andere. Und der Kontext ist nicht weniger maßgeblich für die Rezeption Deiner Arbeiten.

Absolut. Wenn ich in meinem Atelier an dem Bild für die Kirche in Gütersloh arbeite, muss ich eine Vorstellung davon entwickeln, welche Wirkung es im Kirchenraum entfalten wird, um es erfolgreich zu gestalten. Das wird sehr interessant werden. Wie das Bild auf den Raum antwortet und wie es im Raum besteht, wenn es die gewünschte Aura umgibt, das wird eine sehr aufschlussreiche Erfahrung für mich. Da wir gerade über den Kontext und die Vorstellung von Distanz oder Nähe sprechen, kommt mir ein beeindruckendes Erlebnis in Erinnerung, das ich einst hatte. Ich wurde Zeuge der Zerstörung eines großartigen Bildes, dem Barnett Newman ausgerechnet den Titel »Cathedra« gegeben hatte. Das Bild war im Stedelijk Museum in Amsterdam ausgestellt und wurde in der Mitte vierfach aufgeschlitzt. Zufälligerweise war ich der Letzte, der »Cathedra« unversehrt und der Erste, der es zerstört gesehen hat. Ich sah die Eingeweide des Bildes herunter hängen. Nach dem Angriff auf das Bild, stellte ich den Mann, der es zerstört hatte, und fragte ihn, was ihm das Recht gebe, mir die Betrachtung des Bildes auf diese Weise zu verwehren. Er antwortete: »Zwischen dem Realismus und der Abstraktion gibt es ein Problem«. Ich frage mich, ob er sich auch zu der Tat hätte hinreißen lassen, wenn das Werk sich nicht in einem Museum, sondern vielleicht in einer Kirche befunden hätte. In diesem Falle hätte es nicht den gleichen intellektuellen Kriterien unterlegen, die mit einem Museum oder einer Galerie verbunden sind. Das ist es, was ich als Herausforderung und als sehr spannend empfinde, wenn ich ein Bild für eine Kirche schaffe.

CURVED DIAMOND STUDY I 2007   INK ON PAPER

CURVED DIAMOND STUDY II 2007   INK ON PAPER

INCENSE SKETCH 2007   INK AND DYE ON PAPER

DARK CRYSTAL FORM 2007   INK AND DYE ON PAPER

GRAFFITI SKETCH 2004   INK AND AEROSOL ON PAPER

RITUAL SKETCH I 2007   INK ON PAPER

MOTHER AND CHILD 2007   INK AND DYE ON PAPER

BLACK ANGEL SKETCH 2008   INK AND DYE ON PAPER

SINNER 2007   INK ON PAPER

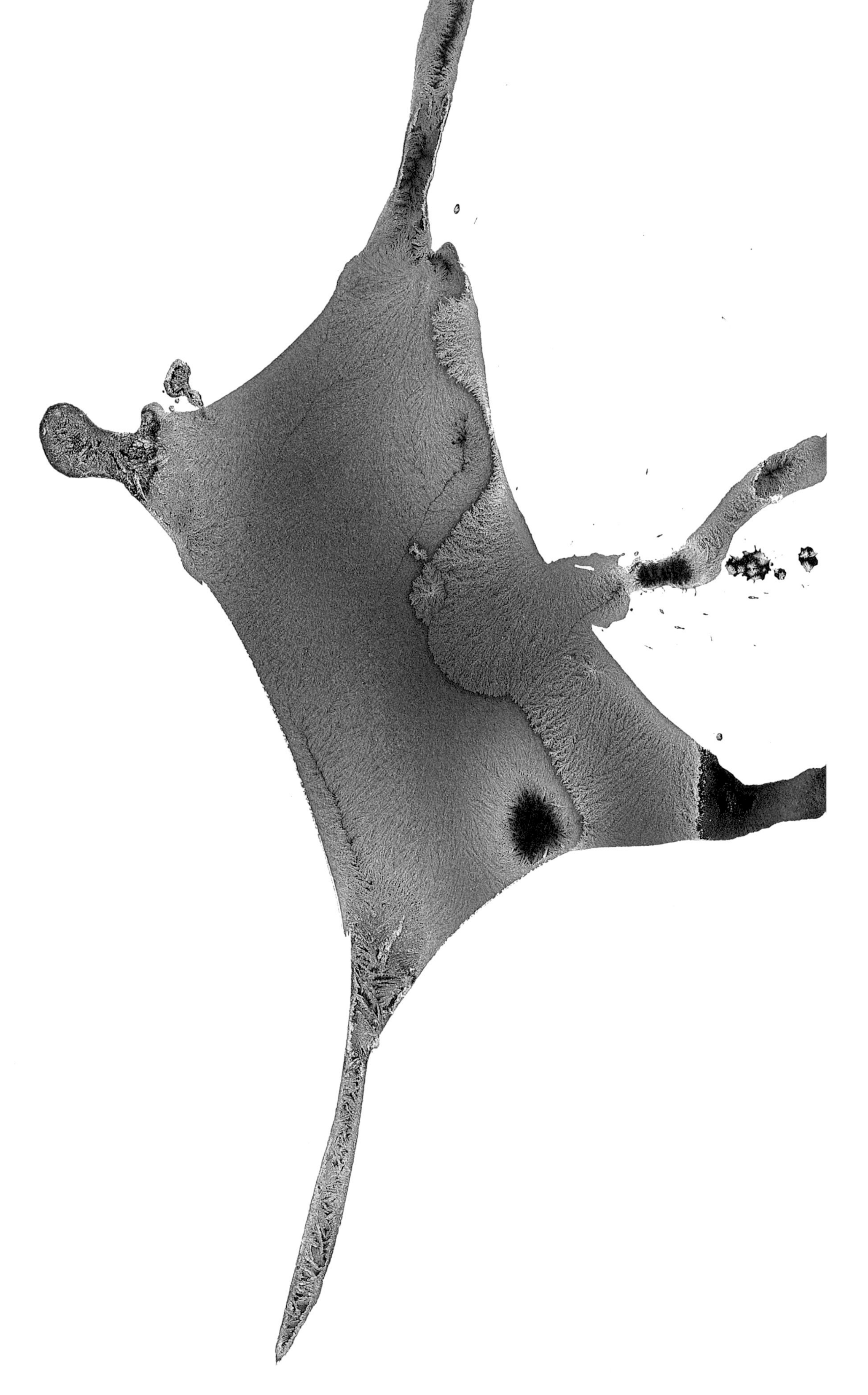

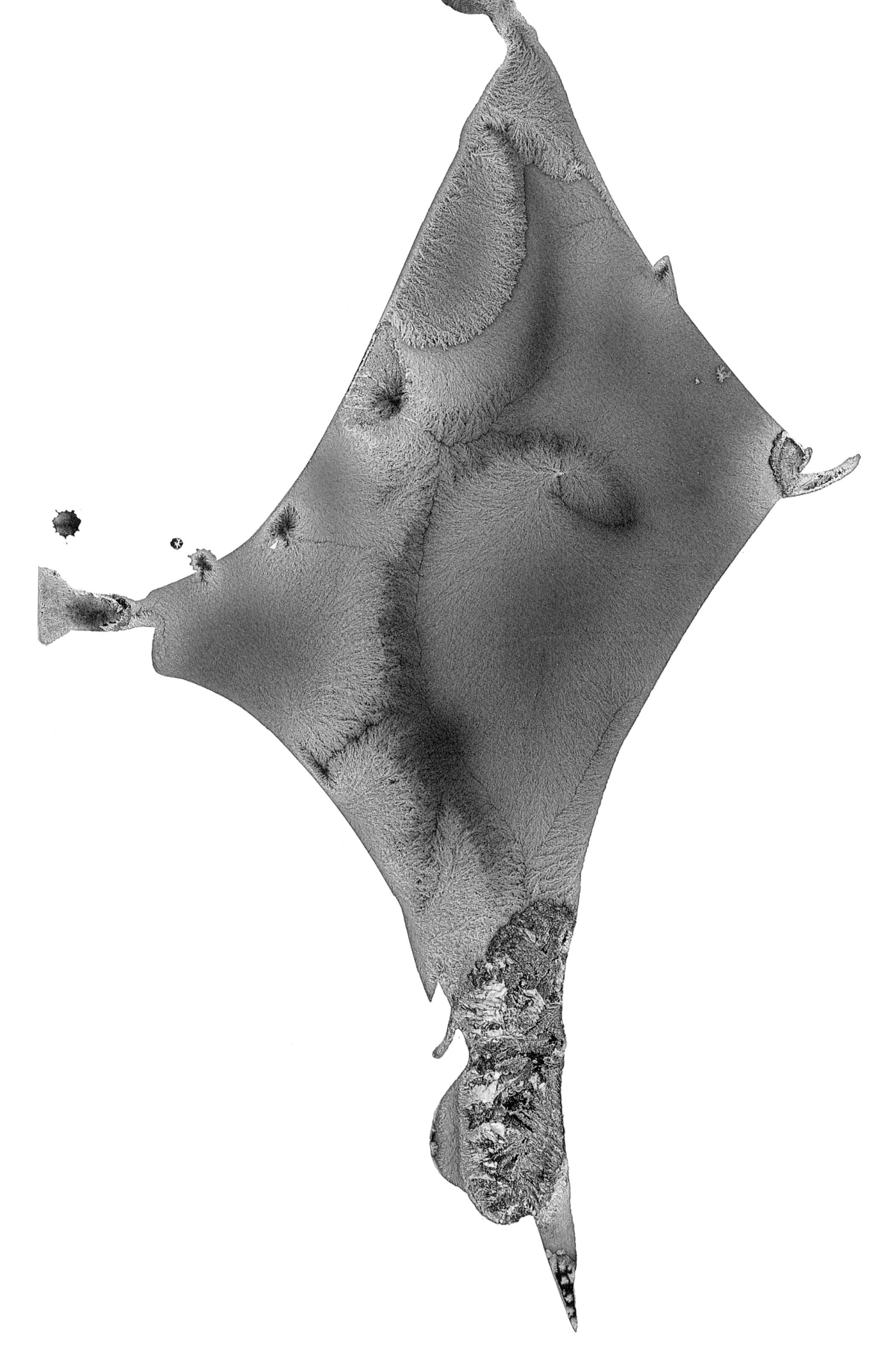

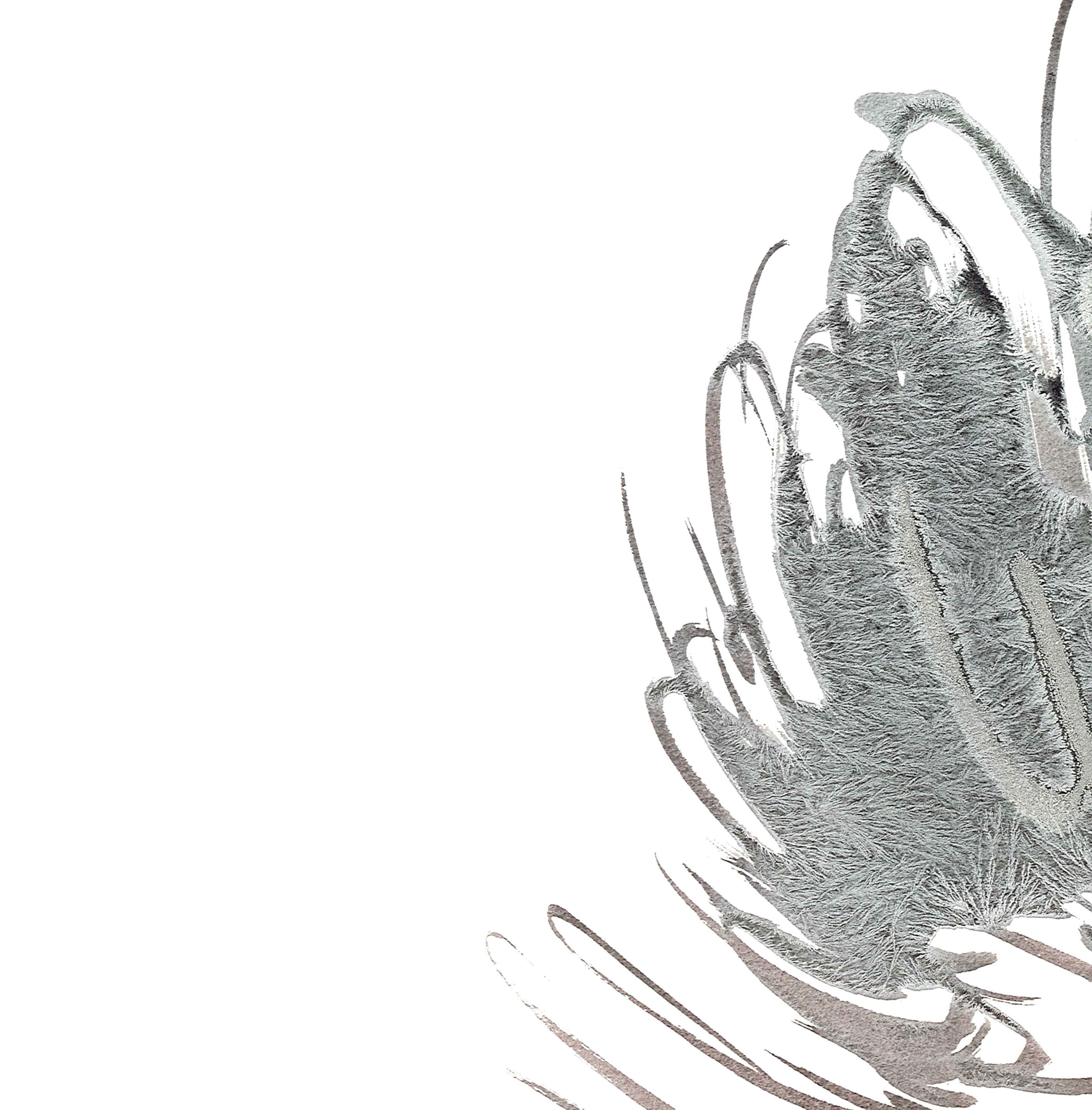

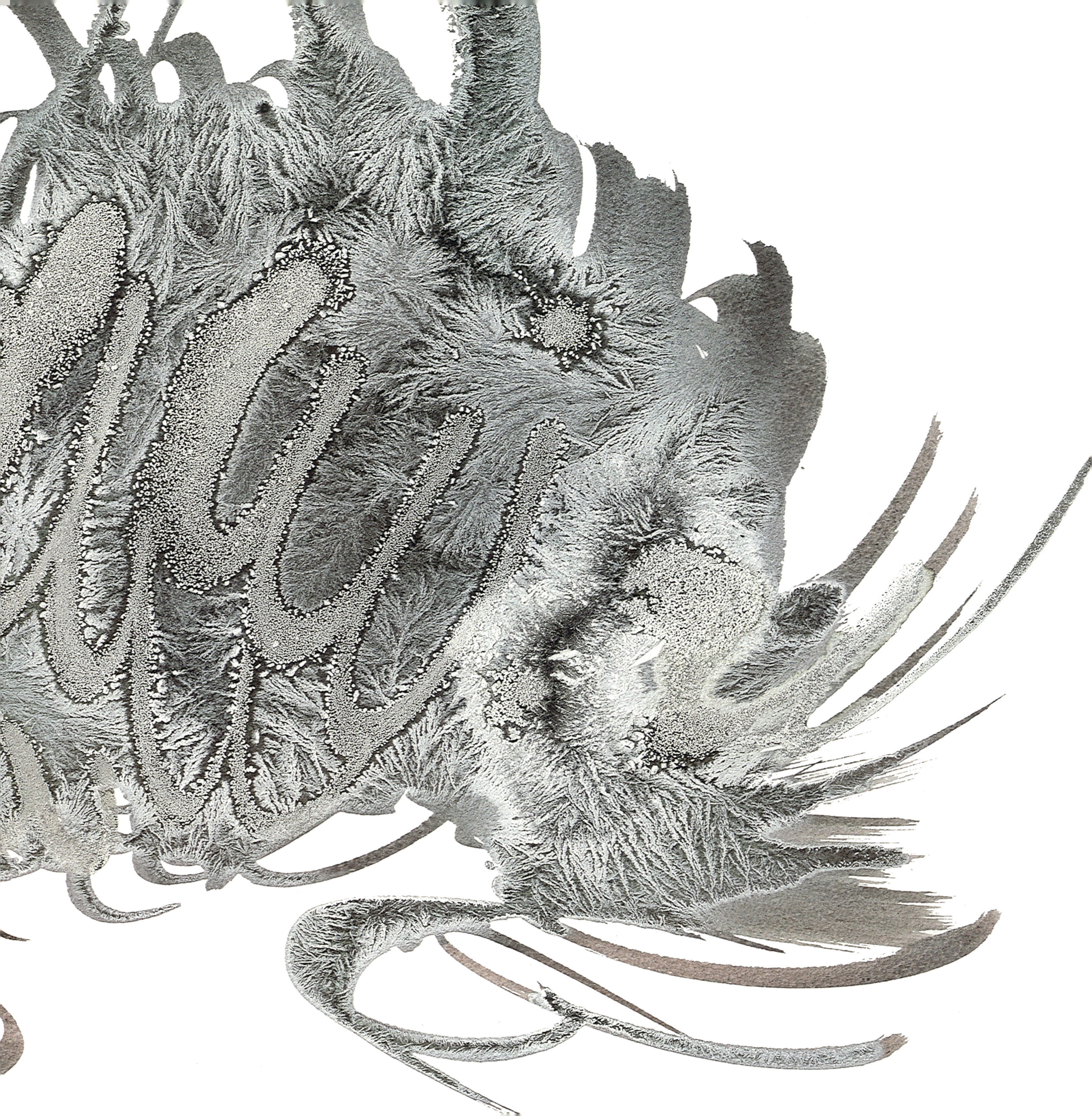

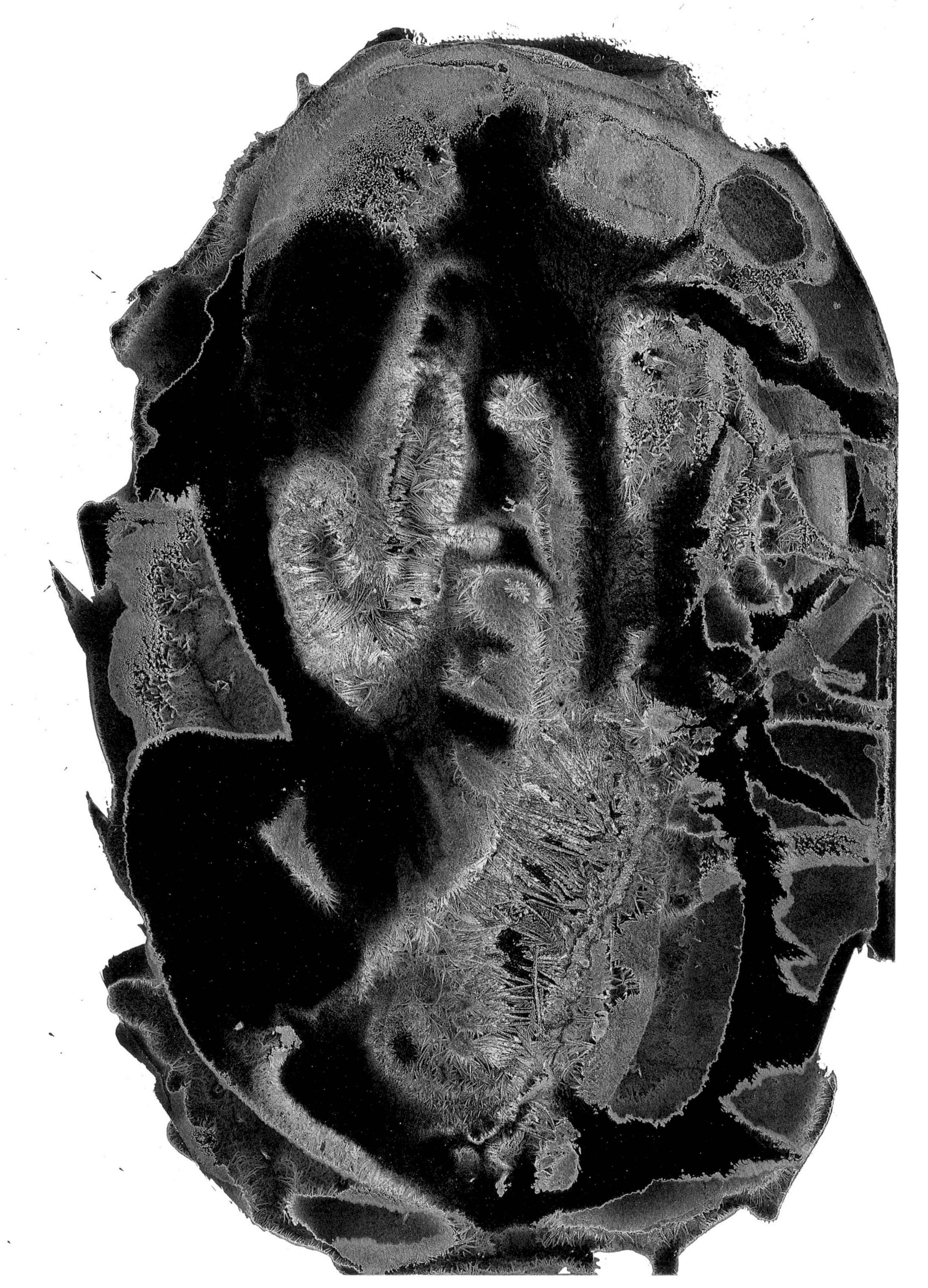

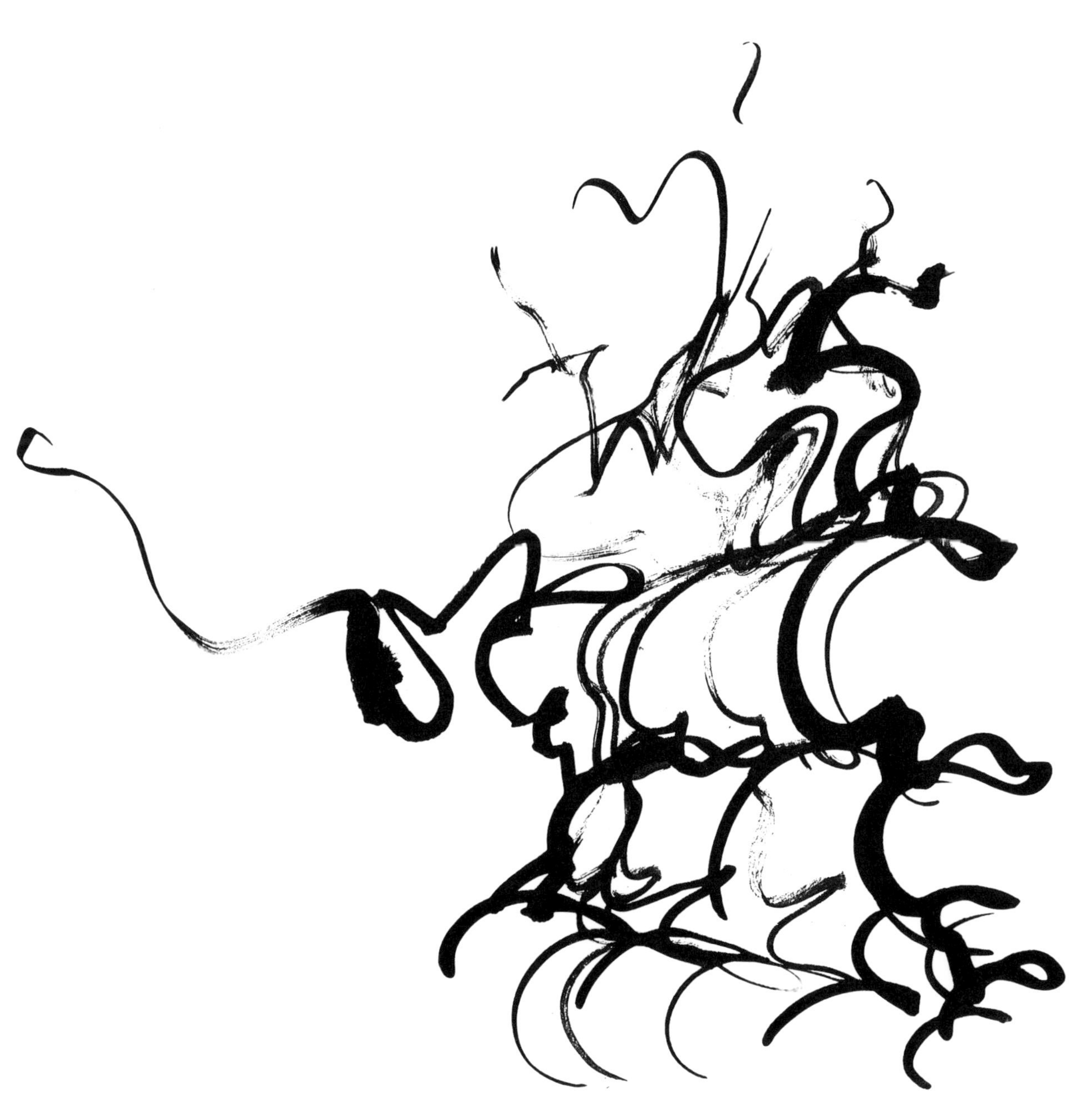

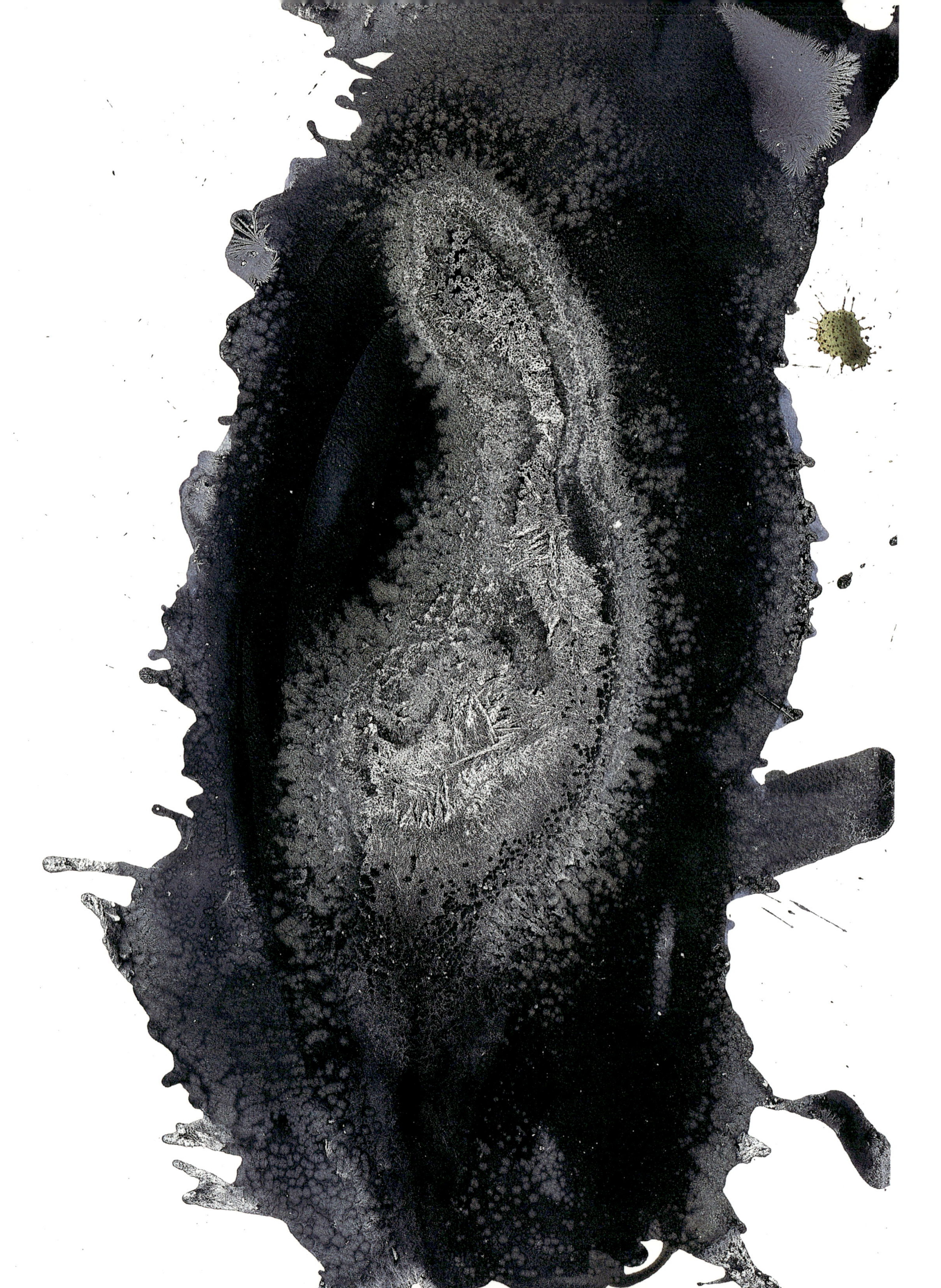

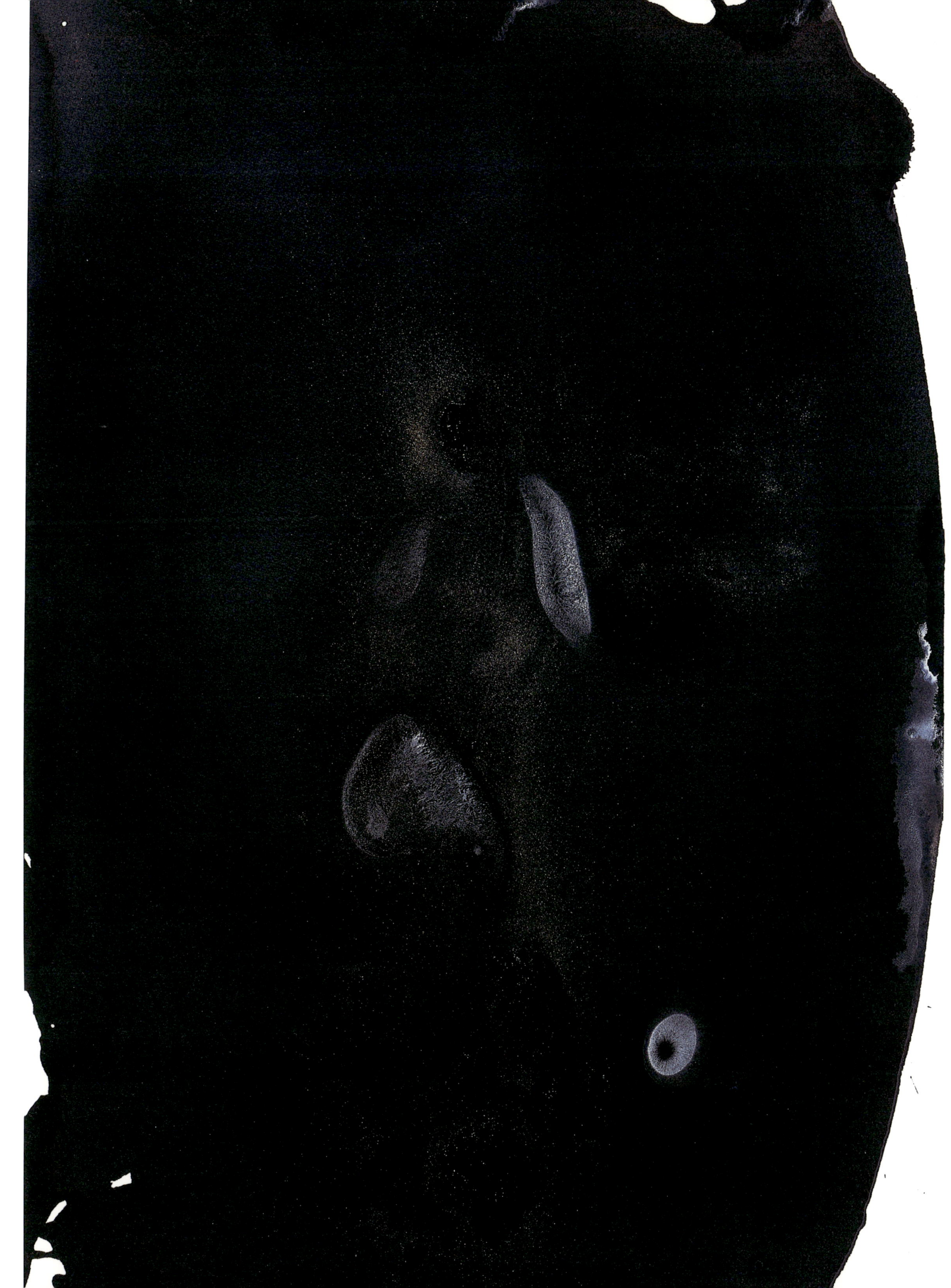

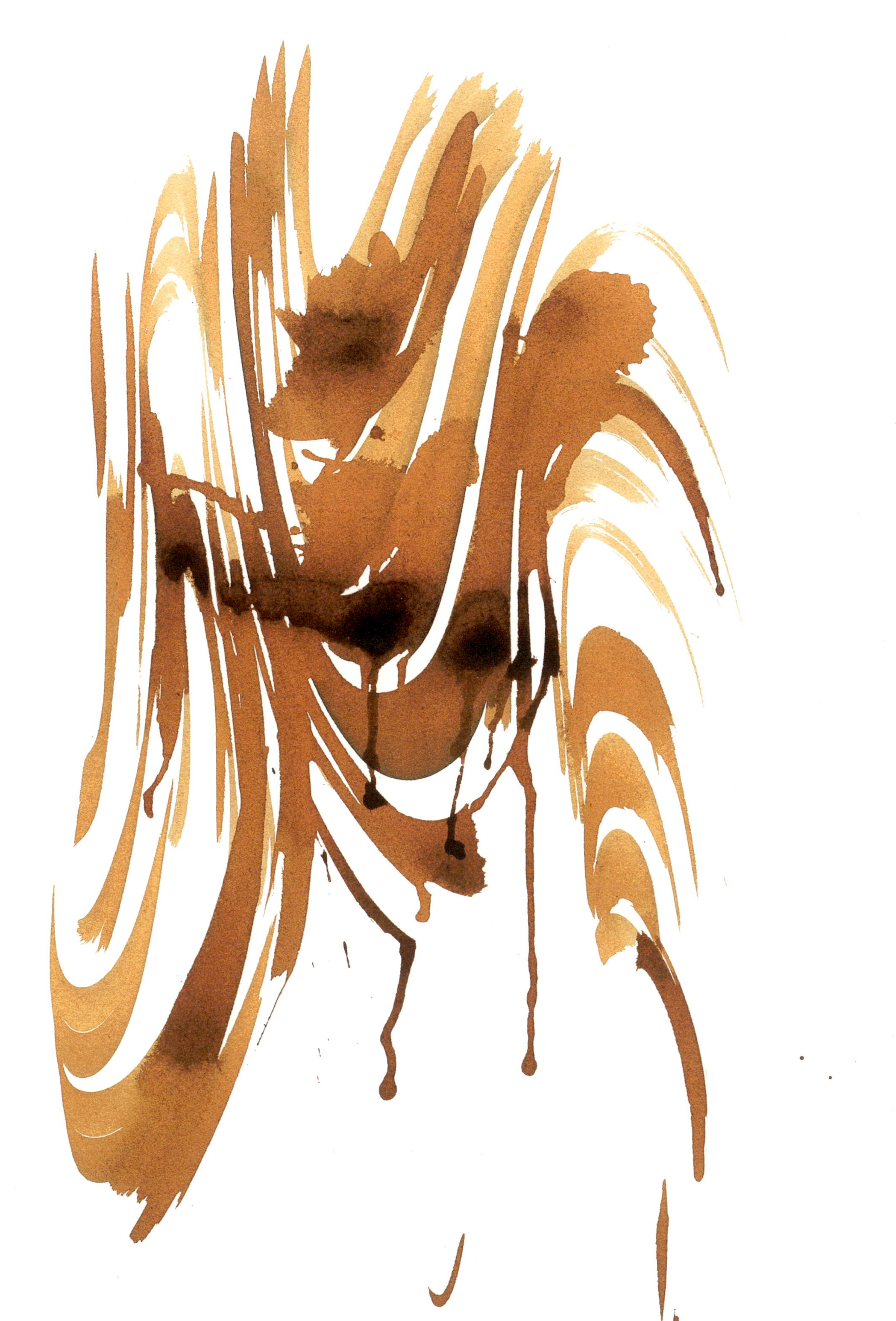

WITH KIND SUPPORT BY / MIT FREUNDLICHER UNTERSTÜTZUNG DURCH

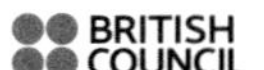

BERTELSMANN
media worldwide

BRITISH COUNCIL

Deutsche Bank

FRAU DR. KARIN &
HERRN DR. PETER ZINKANN

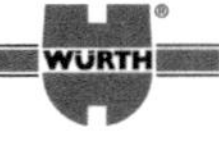

WÜRTH

LISSON GALLERY

GALERIE THADDAEUS ROPAC

Niedersachsen

THIS CATALOGUE HAS BEEN PUBLISHED ON THE OCCASION OF THE EXHIBITION
DIESER KATALOG ERSCHEINT ANLÄSSLICH DER AUSSTELLUNG

JASON MARTIN **FOR GODS SAKE**

KUNSTVEREIN KREIS GÜTERSLOH E.V.: 22 NOVEMBER 2007 – 27 JANUARY / JANUAR 2008
MÖNCHEHAUS MUSEUM FÜR MODERNE KUNST: 09 FEBRUARY / FEBRUAR 2008 – 27 APRIL 2008
GALERIE THADDAEUS ROPAC SALZBURG : 15 MARCH / MÄRZ 2008 – 19 APRIL 2008

CURATED BY / KURATIERT VON UDO KITTELMANN
DIRECTOR / DIREKTOR MMK MUSEUM FÜR MODERNE KUNST, FRANKFURT/MAIN

IN CO-OPERATION WITH / IN KOOPERATION MIT
DEUTSCHE BANK PRIVAT- UND GESCHÄFTSKUNDEN AG GÜTERSLOH
FÖRDERVEREIN HISTORISCHE KIRCHEN IM STADTZENTRUM GÜTERSLOH E.V.
MOENCHEHAUS MUSEUM FÜR MODERNE KUNST GOSLAR

PUBLISHER / VERLAG KERBER VERLAG
TEXT UDO KITTELMANN
ART DIRECTION ELIZABETH MARTIN
DESIGN JUNCTION – JOANNE BRIGHTWELL, LINIE 3 – CHRISTINA & GERHARD ANDRASCHKO
PHOTOS DETLEV GÜTHENKE (11, 13, 62, 64), BERNHARD HEINZE (6, 7, 16, 17), DAVE MORGAN
TRANSLATION / ÜBERSETZUNG JEREMY GAINES, FRANKFURT/MAIN
COPYRIGHT JASON MARTIN, KUNSTVEREIN KREIS GÜTERSLOH E.V.,
MÖNCHEHAUS MUSEUM FÜR MODERNE KUNST, GALERIE THADDAEUS ROPAC SALZBURG / PARIS

THE ARTIST WISHES TO THANK / DER KÜNSTLER MÖCHTE DANKEN
CHRISTINA ANDRASCHKO, MALTE CHRISTOPHER BOECKER, ULLRICH FELCHNER, CHRISTIAN FEUERBAUM,
ALEXANDER HAKENHOLT, IMMANUEL HERMRECK, UDO KITTELMANN, REINER KUHN, LIZ MARTIN, JUSTYNA PEPLINSKA,
THADDAEUS ROPAC, DR. BETTINA RUHRBERG & DR. KARIN ZINKANN

KERBER VERLAG, BIELEFELD/LEIPZIG
WINDELSBLEICHER STRASSE 166, D-33659 BIELEFELD
TEL: 0049 521 95008-10, FAX: 0049 521 9500888
INFO@KERBERVERLAG.COM, WWW.KERBERVERLAG.COM

US DISTRIBUTION
D.A.P.-DISTRIBUTED ART PUBLISHERS, INC.
155 SIXTH AVENUE / 2ND FLOOR, NEW YORK 10013.1507, USA
PHONE: 001 212 627 1999, FAX: 001 212 627 9484

ISBN 978-3-86678-111-5

KUNSTVEREIN KREIS GÜTERSLOH E.V. VEERHOFFHAUS, AM ALTEN KIRCHPLATZ 2, 33330 GÜTERSLOH, DEUTSCHLAND
MÖNCHEHAUS MUSEUM FÜR MODERNE KUNST MÖNCHESTRASSE 1, 38640 GOSLAR, DEUTSCHLAND
GALERIE THADDAEUS ROPAC SALZBURG / PARIS MIRABELLPLATZ 2, 5020 SALZBURG, AUSTRIA, 7 RUE DEBELLEYME, 75003 PARIS, FRANCE